你会
按我想的做

日常生活中的
催眠技巧

[德] 扬·贝克尔 / 著　官青　孙永春 / 译

DU WIRST
TUN

WAS ICH
WILL

哈尔滨出版社
HARBIN PUBLISHING HOUSE

黑版贸审字 08-2020-024 号

图书在版编目（CIP）数据

你会按我想的做：日常生活中的催眠技巧 /（德）扬·贝克尔（Jan Becker）著；官青，孙永春译. —哈尔滨：哈尔滨出版社，2020.9
ISBN 978-7-5484-5412-0

Ⅰ. ①你… Ⅱ. ①扬… ②官… ③孙… Ⅲ. ①心理学—通俗读物 Ⅳ. ①B84-49

中国版本图书馆CIP数据核字（2020）第135209号

书　　名：你会按我想的做：日常生活中的催眠技巧
NI HUI AN WO XIANG DE ZUO: RICHANG SHENGHUO ZHONG DE CUIMIAN JIQIAO

作　　者：[德] 扬·贝克尔　著
译　　者：官　青　孙永春
责任编辑：尹　君　赵　芳
装帧设计：异一设计

出版发行：哈尔滨出版社（Harbin Publishing House）
社　　址：哈尔滨市香坊区泰山路82-9号　　邮编：150090
经　　销：全国新华书店
印　　刷：天津光之彩印刷有限公司
网　　址：www.hrbcbs.com　　www.mifengniao.com
E-mail：hrbcbs@yeah.net
编辑版权热线：（0451）87900271　87900272
销售热线：（0451）87900202　87900203

开　　本：880mm × 1230mm　1/32　　印张：8.5　　字数：162千字
版　　次：2020年9月第1版
印　　次：2023年7月第4次印刷
书　　号：ISBN 978-7-5484-5412-0
定　　价：48.00元

凡购本社图书发现印装错误，请与本社印制部联系调换。　服务热线：（0451）87900278

谨以此书献给我的家人，是你们使我绽放！

前言

你知道吗？

其实，你早就知道的。

在你内心的某一处，你是知道的：

这个世界的一切都是操纵，一切都是催眠。

一切，每一句话，每一幅图像，每一种语气，每一件事物，每一个人。

即便你只是一个简单的存在，也会产生操纵作用。这个影响力的发挥是从你的人格特征开始的，比如一旦你踏进某个人的房间，你就会改变他的行为，他也将改变你的行为。

所以，问题不在于你是否操纵。

问题在于，你是否意识到这件事，以及你是否了解你的影响力有何特点。

你如何发挥自己的影响力，并以此改造现实——你自己的现实和其他人的现实。

本书详细介绍了催眠的机制，如果你能掌握其中的技巧，就能最大限度地、灵活创新地利用你在这个世界上的存在。这不仅是为了你自己，也是为了其他所有人。

另外，如果其他人有意或无意地在操纵你，你也能迅速发现，从而决定自己是否要被他操纵。

可以说，掌握了催眠的技巧，你将掌控一切。

催眠是操纵的艺术，也是通过语言、行为、图像来让我们实现和世界以及自我交流的艺术。

知之者，生。

扬·贝克尔（Jan Becker）

我研究我热爱的艺术，为此常以身犯险。即便是从流浪汉、行刑者、理发师那里学习我觉得有用的东西，我也不感到羞愧。我们知道，爱慕者往往愿走很远的路，以便和他追求的女神相遇；热爱真理的人在探求他神圣的真理时，所受到的诱惑比追求女神还要大很多。

每当我们心存希望想获取知识时，就应该为之努力。上下求索的人为何要被轻视呢？与踏上漫漫求索路相比，留在家乡可能会更加丰衣足食，生活舒坦，但富贵、舒适皆非我所求。

帕拉塞尔苏斯（Paracelsus）

目录

Chapter 03 语言的魔力：

如何使用正确的话语创造奇迹，你的名字如何变成幸运磁铁

Chapter 04 所有事物的暗示力：

为何我们每天会被自己的住宅催眠

Chapter 10 恍惚：

为何你的身体引导心灵，你如何深度放松且更加快乐地工作，幸福的瞬间如何永不消失

Chapter 11 调节相同波长：

吸引或交际成功的秘密所在

Chapter 01 >>>

隐秘催眠：
在日常的诱惑中，你并不知道你在做什么

当你看到下面这个单词时，你想到的是什么？

催眠（hypnosis）

你想象出了哪些画面？也许你的脑海里浮现出了一位神秘的魔术师，他穿着黑色披风，化了白色的舞台妆，目光锐利，他正在让一位冒失的志愿者单腿蹦跳，还让他学着母鸡咯咯叫；又或者你看到的是你的医生，他最近刚刚借助催眠治疗让你戒了烟；也可能你的脑海中出现的是蟒蛇卡阿（根据拉迪亚德·吉卜林（Rudyard Kipling）的《丛林故事》改编的动画片中的角色），它能通过令人出现幻觉的目光使小莫格里陷入恍惚。谁知道呢？也许你想到的是我，毕竟你手里正拿着我写的这本书。

这个由表示睡眠的古希腊词语“hypnos”派生出来的单词充满了吸引力，几乎可以打动每一个人。

正是由于这种联想——睡眠、恍惚和完全的放松，所以极少有人会在此时想到距离自己最近的超市。然而超市正是这样一个每天都通过催眠技巧操纵我们的地方，并且我们还都意识不到。

也许你现在还不相信这件事情——超市会催眠？这要怎么进行？但是当你买了很多购物清单之外的东西时，就从来没有为此感到吃惊吗？你对某种商品不可抗拒的兴趣是突然从哪儿冒出来的？为什么你会把不在购物清单上的东西买回家？另外，如果我声称：我能让你把我指定的超市商品买回家，而且你对此还一无所知，你会相信我吗？

无论如何，面对科学节目“特拉快线”的记者，我坚称自己能做到此事。如同所有记者一样，他们也想马上通过实验来验证我的说法。于是，我们决定在南德的一家超市里开展这项实验，我需要让节目组指定的一男一女两位受试者把我事先选出来的东西放进购物车。

当超市关门后，节目组给了我一夜的准备时间，我可以根据自己的想法和暗示进行布置。这真是一场激动人心的挑战！

首先，我制订了一个计划。我把目标集中于特定的商品组，两位受试者第二天应该会各自自发地从中挑选出一件商品。在超市关门后，我首先做出了一个选择：我把“我选中的”七件商品放进一辆购物车，它们将在第二天用于验证这场实验的结果。然后，我撸起袖子开始布置……

第二天早上，我们——协助我的节目组团队以及我自己——都感觉特别累，因为这一整夜我们都在埋头苦干，目的是做好安排，把我们的两位受试者领到指定的商品那儿。但是好在紧张还使我们保持着清醒，我们激动地期待着两位受试者的到来。当然，这个时候我得先隐藏起来。

沃尔夫冈（Wolfgang）和克里斯蒂娜（Christina）两人都是35岁左右。他们被告知，这是一场有关男女购物行为的实验，对我们的真正意图他们毫无所知，否则的话这场实验将会失效。

这两位都戴上了眼镜摄像机，这样我就可以在一辆停在超市附近的车里准确地观察到是什么吸引了他们的注意。

实验开始了。10分钟之后，两位受试者行动起来。

结果几乎令人瞠目结舌：如同我所预期的那样，两位受试者就像被远程控制了一般，马上被引向了某种特定的有机苹果品种。要知道，那里一共有123种水果和蔬菜可以供人选择！接下来，他们同样目标明确地买了我挑选好的有机土豆。

在选择咖啡的时候出现了一点小意外，我的心短暂地沉了一下。虽然克里斯蒂娜被引导着毫不犹豫地从244种咖啡中选择了我所预备的品牌，但是沃尔夫冈却直接走过去了。作为咖啡深度爱好者，我压根没料到有人竟然会不喜欢喝咖啡而喜欢喝茶！

但是在选择面包酱时，一切又重新回归正轨。巧克力味的酸樱桃果酱都躺在了两人的购物车里，还有我选好的洗涤剂和有机鸡蛋。在共计1000种商品以供选择的冷柜那里，俩人都像我所预料的那般买了比萨。在这里，沃尔夫冈买了我所指定的自制比萨的原材料——火腿、预磨奶酪、成品面团以及筛好的西红柿。我为此安排的暗示是“给自己做比萨吧”，并且这主要针对男士。而如同我预料的，克里斯蒂娜买了一块现成的冷冻比萨。

实验取得了圆满成功。当我让两位受试者看了看我事先准备好的装着“他们的”商品的购物车时，现场感到十分惊讶的不止他们两个人……

那么我是如何做到无形中操纵了这两个人呢？

首先，我安排了一个很有亲和力的女大学生站在超市门口，让她去收集支持垃圾分类的签名，并且为此派发传单。两位受试者都反应积极并参与了进来——他们把自己的名字签在了名单底下。这样，我所想要的就水到渠成地发生了：克里斯蒂娜和沃尔夫冈马上被“有机”和“环境”这些主题吸引，也许内疚感也不由自主地随之而来：“我持之以恒地进行垃圾分类了吗？”“我为环境所做的真的足够多吗？”在购物时，这些内疚感马上就能被弥补！

但是，单单这个还不能解释为什么两位恰恰购买了我所指定的有机苹果和有机土豆。谜底是：在苹果的上方，我装了一盏特殊的灯，它能照射出红色的光。这样，苹果看起来更显得多汁甜美，令人不可抗拒。而在土豆那儿，灯光则呈现出金黄色。诱人的食物颜色可以直接引发我们最古老的本能之一，即发现健康而新鲜的食物的直觉。假如没有这种直觉的话，我们的祖先就不可能活下来。当然，在狩猎者和采集者所生活的丛林里是没有这种骗人的照明设备的。如今，很多商店的整本商品宣传册都出现这种糊弄人的灯光了，有了它们，水果、奶酪、肉类、蔬菜和鱼类都看起来比原来更加可口。不过这种做法能如此靠得住，连我也感到惊讶。

此外，我还在入口处设置了写着“爱”和“力量”等话语的标牌。两位受试者都想不起来曾经见过这些话。尽管如此，当这些概念重新出现在商品旁边时，他们还是选了这些商品。

心理学家猜测，我们周围有90%的信息只是在我们潜意识里被感知到，在清醒的意识中，我们只能同时集中精力在大约三件事物上。我们可以把意识想象成监控屏幕，即便摄像头——我们的潜意识[1]——一丝不苟地接收并存储了一切，

1　一个小注释：本书里我谈到潜意识，因为这是一个我们大多数人都了解并能作为切入的口语概念。准确地说，它其实应该被称为无意识。

但我们只能同时看几幅屏幕。不过，剩下的90%也会被加工处理，它们一直存在。只是在正常状态下，我们并没有去留意。与此同时，这种潜意识的知觉对我们的感觉和行为产生了巨大的影响。催眠师懂得并运用了这一点，他们能使被催眠者重新想起那些自认为早已遗忘的事件细节。

我们重新回到实验。事后，那些引诱受试者们去买架子里的果酱的广播内容，受试者们也同样无法有意识地回忆起来："是的，是有说什么，但是说了什么呢？不知道！"

我们还战略性地安排了一位推销员，让她请克里斯蒂娜品尝一杯香喷喷的咖啡，这样就引起了克里斯蒂娜对咖啡的兴趣。虽然她没有去尝，但是她在购物车里放的就是刚刚推销员提供的那种！除了以咖啡的香气作为感官诱惑以外，我们也使用了简单的赠送原则。就连人们拒绝赠送时，它也会起作用：克里斯蒂娜就不知不觉地想要有所回应。

在沃尔夫冈的行程中，另一位"顾客"——实则是电视台的工作人员——向他询问饮料的区域。这位男士穿了一件带有"力量"标识的T恤。事后，沃尔夫冈虽然回忆起了那位男士，却记不起这件T恤。然而，当卖比萨配料的冷柜上方出现"力量"这个词时，沃尔夫冈迅速地下手了。

此外，我把商品都放在了视线高度的位置上。这产生了一个效应：人类很懒惰，我们不怎么愿意费力弯腰。因此，超市里廉价的商品总是被放在架子的最下方。我们更偏爱那些舒舒服服就能拿到的处在视线高度的商品。所以，超市在这个位置上经常摆放最贵的货物。

特别在意价格的那些人付不起这样的舒适，他们就不得不弯腰向下，因此超市无须担心那些廉价品牌无法脱手。弯腰还有一个效应：使我们的心情低落，让我们变得更加悲观。这是一个心理学家和大学生们一起做的实验得出的推断。在实验中，一组受试者从下向上整理架子里的弹珠，第二组则从上往下整理。之后这些大学生被要求讲述他们在上一周所遇到的事情。从上往下整理的这一组回忆起的主要是一些负面的事件，而从下往上整理的那组则几乎只想起了积极的经历。这只是因为他们按照特定的方向进行了整理而已。

我使用所有这些小小操纵手段的目的相当明确。反过来，它们发挥作用时却完全不会引起其他人的注意：沃尔夫冈和克里斯蒂娜都只是靠潜意识做出反应，就像处于一场催眠之中。

顺便一提，在实验完成的当天晚上，超市的市场经理打电话给我。虽然我们在测试之后把一切都重新布置了，好使超市的其他顾客不只是买“我选中的”商品而选择性无视其他的品类。但是我们忘记了在放洗涤剂的架子处所做的小小改动，本来这个产品是卖不出去的冷门货——现在，它却全被卖光了。

当然，除此之外，产品标志的视觉塑造以及商店的形象也会对我们产生心理作用。比如这会影响到我们对商店的一般看法，是认为它比较贵还是相对较为廉价。特别在意价格的人们确信，与Rewe或Edeka这样的超市相比，Lidl或Netto这种廉价商店显然更加物美价廉。后者的商店标志看上去就已经很像特价商品标签了，它们的商品被不太在意地摆放在纸箱里，那里的一切都显得很便宜。但事实也是如此吗？

为了弄清楚这一点，一个电视台的团队做了所谓的Lidl实验。35件日常所需产品组合成一个购物篮。请看：最贵的和最便宜的供货商之间的商品差价只有1.7欧元。在Lidl，人们需要为此支付52.87欧元，在Rewe需要支付53.57欧元。并且，如果人们只考虑把便宜的自有品牌装进购物篮的话，那么所有四家被考察的商店之间甚至不存在任何价格上的差异，1分钱的差价也没有。

一切我们以为的差别都只发生在我们的头脑中，关于现实和预期之间的比赛，我们也并不总是胜利者。

隐秘催眠

事实上，这样的事情不只在超市发生，所有人每天都会被催眠，并且我们完全没有意识到。我把这种现象称为“隐秘催眠”，即借助于引起心理作用的特定技巧抵达潜意识，并发挥暗示性影响——催眠总是与此有关。假如它是被有意识地运用，那么其目的就是使被催眠者做出或是放弃某事：比如不再害怕蜘蛛，比如戒烟，比如在舞台上暂时无法弯曲胳膊或是被牢牢地粘在沙发椅上。

与我在舞台上所展示的或是我作为催眠训练师所实施的公开催眠不同，隐秘催眠未经被催眠者的同意就“走进”其潜意识。

在这个过程中，隐秘催眠毫不涉及什么秘密的全球性阴谋，这里也没有什么光线联系或超自然力量在发挥作用，这种现象完全基于我们的心理运行模式。

日常恍惚

我们常常陷入恍惚而不自知：当我们阅读一本书而忘记周遭一切的时候；当我们夜间开车却突然自问刚才的35公里究竟是怎么开过去的时候；当我们打高尔夫球时把所有的精力都集中于开球上，世界被压缩成一只小小的球的时候；当我们做爱的时候；当我们尽情享受美食的时候……每当我们放松地专注于一件事情时，就陷入了恍惚状态。

但是，如果要给潜意识编定程序，恍惚并非一个强制性选项。因为我们每天都会被所遇到的事物影响，不管我们当前是否处于恍惚状态。我们会被我们所看到的图片影响、被我们阅读的词语影响、被我们看到的面孔影响，这样的影响一直在发生——不管我们是否情愿。

著名催眠治疗师米尔顿·艾瑞克森（Milton H. Erickson）曾举过一个非常棒的例子，来说明我们在特定环境下的行为是如何轻易绕过理智，直接抵达潜意识的。还是孩童的时候，小米尔顿住在山上的一个村子里，由于山上寒风凛冽，这里的居民每到冬天就要搬到下面的山谷里去。去往山谷会途经一条宽阔的路：它的一侧是很深的斜坡，另一侧是山。当小米尔顿穿过雪地下到此处时，他看到了大人们的足迹：所有的脚印都是紧紧沿着斜坡下的峡谷延伸的，而原本宽阔的道路却没有足迹。眼前的事实就是这样，尽管道路很宽，而且仔细思考之后就会明白，近山一侧的道路比斜坡下的峡谷要安全得多。小米尔顿感到十分惊奇，他稍稍思考了一下，然后有了一个主意。他找了另一个位置，自己在雪地里踏出一条小路，然后躲起来偷偷观察。这时他发现，接下来的徒步者正是沿着他的脚印往前走。后来，他常常回忆起这次观察，也很喜欢用这个例子向他的学生们解释暗示的概念：这是一种人们不假思索便欣然接受的建议，是一次有意或者也是无意的操纵，而被操纵者完全意识不到。在一瞬间，他们的潜意识便做出了决定：这里已经有人走过了，这条路肯定是安全的。

为了避免再出现与“杜伊斯堡‘爱的大游行’踩踏事件”类似的事故，也为了缓解交通堵塞现象，有人研究了群体中人类的行为表现。其结论是：人类的行为有从众性，个人的行为以他人为导向。其行为的发生是本能的、不假思索的，理智压根没有参与进来。

即便我们处于一个小一些的群体，我们也总是本能地跟随那个最早让人觉得知道应该怎么做的人，也就是那个看上去最受关注的人。至于他是否真的知道，我们一般不会去检验。

我们的世界观并非世界

就像小米尔顿一样，所有人最初都还倾向于探究事物背后的真相，孩童都想知道世界是如何运转的。可惜长大后，我们当中的很多人都不再保有这种好奇心。我们对自己的世界观感到满意，而它通常就是最早呈现在我们面前的那种。它来自我们的父母，我们所处的环境，我们的朋友以及“时代精神”。然后，我们不再过多思考，而是通过这样的刻板印象观察世界，我们认识不到生活是复杂多变的。然而，真理愈辩愈明，这也是我在本书中想要鼓励你去做的。

以前，在我们这里，大多数人都接受教会对世界观的阐释。有一位仁慈的上帝，一个圆盘一样的地球，还有作为反派的所有“异教徒”。比如，反派们会为血腥的十字军东征辩护。不过，异教徒们只是持有不同的世界观而已。纳粹们展现了这样一种世界观：具有犹太伦理背景或是持犹太信仰的人被认为是一切问题的替罪羊。

这里的问题在于，这样一种世界观在我们的潜意识里被确定为“真理”。“这就是世界，而非其他。”以我们的世界观为基础，我们自动地对我们所遇到的所有事物做出评价，把它们归类为“对与错”“好与坏”。

其实，一种世界观只是一种看世界的可能的角度。而我们却极少对此究根问底，因为究根问底令人疲惫。我们更愿意为我们的世界观寻找证据，但这种舒适性有可能是危险的，20世纪三四十年代的德国就是一个可悲的例子。

世界观首先既不应该具有政治色彩，也不应该具有宗教色彩，它是由许多小细节组成的。举例来说，我们这里的年轻人学得的部分世界观是：要想生存就必须劳作赚钱，这是我们对世界运行方式的部分理解。而处于氏族社会的一个原始民族的年轻人不可能认识钱，学到的也正相反，他会认为，只有打猎才能使人生存。

从社会学家到大脑研究者，许多科学家都说“现实”根本就不存在。或者也可以说：它是存在的，但我们没有与它直接接触过。毕竟，人类的全部感知都是在大脑里发生的，并且都被感觉器官过滤过——这种感知完全不同于客观。一个人看到的，首先是他了解的。作为催眠医生，这一点我也只能署名表示同意。

催眠的一个定义是这样说的：人类心理的核心是催眠，因为我们所学到的和造就我们的一切事物都是以暗示为依据。因此，催眠是人类理解力的基础，是本质所在。我们相信的和我们的目光转向的对象决定了我们感知的内容。世界就是我们认为的样子。

我的目的是想说明：没有什么，确实根本不存在什么，会对我们的潜意识毫无影响。广告牌上的标语、大门口的涂鸦、公交车上某人在我们面前的座椅靠背上乱写的诗、塑料袋上的字样、一个标志、与其他人的谈话、报纸上的新闻、iPod里悲伤的歌、iPod里欢乐的歌、脸书（facebook）上一个朋友发的状态，甚至是电台主持人的喋喋不休也会对我们有所影响。这个清单包罗万象，且生生不息。所有这些印象都会对事情的发展方向造成看不见的影响。我们不知不觉地建立横向联系，得出推断，不假思索地做出反应，并对我们有所反应而无所行动一无所知。

所有事件都在我们的感知中留下了痕迹。它们引领我们去特定的方向，甚至我们的身体都会有所反应——我们的神经、我们的激素、我们的血压、我们的肌肉。

当然，座椅靠背上的诗、山里的羊肠小道或者偶然间无意听到的谈话都并非刻意为之的行动。然而，刻意为之者也有不少。确切地说，有人相当了解这一整套机制并在有目的地操纵我们。广告专家、政治顾问、交际专家……这样的人为那些对我们有所求的人工作，他们想要我们的钱、我们的选票、我们的支持、我们的好感。

如果在身体自动做出反应之前，我们就可以知道有人对我们做了什么，什么事情在发生；如果我们不再买多余的东西，或是不再为不需要的东西买单；如果我们不再盲目，那不是太棒了吗？

甚至，如果我们能够借助催眠技巧“操纵”自己，使自己更幸福、更健康、更爱运动、更成功甚至更富有——或是不管我们想要什么都能得到，那不是太好了吗？

如果我们还能帮助我们的朋友和我们的家人呢？不仅如此：如果我们能以此使我们所遇到的每一个人的生活变得更加美好呢？

这不就是有所成就吗？

为此，我要做出一个预言：当你读完这本书时，这一切都不再是“可能”。那时一切都将会“实现”。

这确实是有一点点神奇的。

Chapter 02 >>>

第一印象的魔力：我们的直觉如何想牵着我们鼻子走，为何《向宇宙下订单》与宇宙无关

我个人对催眠的第一印象与我刚刚向你描述的完全不同。在超市实验之前，它对我来说是一条充满丰富体验的漫长而扣人心弦的路，一条由许多小步骤组成的路。正如催眠本身一样，它由许多极小的步骤组成，催眠是一个过程，每一个单独的步骤都有它的意义。

其中最早的步骤我是在偶然间做出的。我的第一本书《我知道你的秘密》的读者已经知道了：在我的孩童时期，作为看牙医的奖励，母亲送给我一本她从跳蚤市场上找到的书。这里面讲述了读心术、心灵感应——也就是催眠。作者是埃里克·扬·哈努森（Erik Jan Hanussen），大家更熟悉对他的简单称呼“哈努森”，他是20世纪20年代最有名的预言家。但他完全不是一个正面形象，而是正相反。然而，我12岁时还压根不了解他和纳粹之间的那些阴谋诡计。我被书中描述的那些充满魔力的事情所吸引，接受了它们。不仅如此，我还开始偷偷练习。

终于，伟大的一天到来了，那是在朋友家的一场聚会。在仅仅半分钟的时间内，我使另一个男孩陷入最深的恍惚。但我并没有让人看出来我的惊奇（顺便说一下，催眠时相当重要的一点是——保持克制），而是暗示他，他是一块完全僵硬的木板。这也取得了极好的效果，他纹丝不动，使得聚会上的其他客人能小心翼翼地爬到他上面。这次成功赋予了我勇气，我又实验了别的暗示：我把被催眠者的双手牢牢地“粘”在他们的后脑勺、肩膀或鼻子上；我让他们咯咯傻笑，暂时忘掉自己的名字。至于催眠还可以被用来做有用的事情，我那时还没有想到。或者这样说更好：对我那样一个十几岁的少年而言，能使其他人印象深刻绝对是有用的，尤其是在女孩子们面前。你可以在调情时更加巧妙地使用催眠技巧，为此你不必搞出一场大型表演，它并不需要太多花费。对此稍后将会介绍更多。

催眠不是巫术，它是每个人都可以学会的，至少在人们知道必须做什么的时候就可以学会。它之所以能被学会，形象地讲，是因为它对接了我们心理的“受体”，它了解秘密的入口。通过催眠，我们可以直接进入人类最重要的控制中心，也就是潜意识（或者应该正确地称之为无意识）。通过潜意识，我们可以从根本上解决问题。我们可以与我们的问题保持距离，然后从旁观者的角度重新对它们进行评估。我们可以使自己做好幸福的准备，准备做更多的运动减掉几公斤体重，准备不再拖延……潜意识是我们的自动导航仪，它没有自己的观点，它自动地按照给它设置好的编程去做，设法使我们所相信的得以实现。

也许这使你想起了近年来的某本超级畅销书，《向宇宙下订单》《秘密》或是诸如此类的书。这些书中都介绍了一种十分诗意的智慧，即在宇宙中，我们所有人都联系在一起。书中还说，宇宙向我们提供我们深入思考的东西。也许你已经试验过了，大概它确实有效，这是很有可能的。但是，我们的头脑中并没有什么能吸引我们所思所想的神秘磁铁，我们的愿望也（很有可能）不会由宇宙来实现。事实上更为神奇的是：我们的愿望是由自己来实现，或者说是由我们的潜意识来实现。这里发生的事情真的很神奇，在这儿，我们的注意力、我们的思想、我们的行为被看不见的线拉扯着、引导着。通过这种方式，我们的潜意识创造了我们的现实、我们的世界以及我们。

正因如此，给潜意识喂送能使我们的生活变得更加美好、更加丰富多彩的食物是十分重要的。为此人们必须知道三件事：第一，潜意识是如何工作的；第二，如何阻止它未经询问就被其他人塞满对我们没有好处的垃圾食品；第三，怎么把好的东西喂送进去。我现在就给你解释这一切是如何进行的。

重复具有不可抗拒的吸引力

重复是催眠最有效的基本技巧之一。

美国的一份大学生报曾刊载过一个实验。在实验过程中，他们整个学期一再地在报上散布没有意义的、由字母随机组合而成的词语，这些词语在世界上的任何语言中都是毫无意义的。比如，它们可能是“Upru”或是“Mulofa”。这些字母组合中的其中一些经常被印刷出来，而其他的则只是偶尔出现。之后，让对这些只是想象产物的词语一无所知的大学生们去评判哪些词有积极意义，哪些词有消极意义。结果让人目瞪口呆：大学生们猜测，常被印出来的那些词背后隐藏着积极意义，而在那些很少被印出来的词背后则隐藏着消极意义。我们大脑中最初的评价系统的运行竟然如此简单！

这样一种评价以如下方式产生：当我们第一次感知某物时——一个单词、一张脸、一个广告、一首歌，这个一闪而过的痕迹会出现在我们的大脑里。假如以后我们不再遇到这个事物，这个痕迹很快就会变得淡薄。但是如果我们很快就第二次遇到这个事物，那么神经联结就会变得牢固。第三次时，我们就已经有了真正的“纹路”。这样继续发展下去，直到新的内容在我们的脑海里确定下来。这个过程的进行未经我们参与，且我们无法抗拒。

随着一再地重复，即便是本来让人恐惧的东西也会变得平平无奇，不再被感知到危险。请设想，你沿着一条街道开车，看到一辆燃烧着的汽车，起初你当然是感到惊恐的。当你第二天开车经过同一段路，在同一个位置又看到一辆燃烧的汽车时，这种惊恐就不再那么大了——假如我们并未同时遇到什么令人不适的事情。在某个时刻，这里只不过是“那个汽车燃烧的地方”而已。我们会习惯一切。

但是还有其他事情发生。

第一，当新的内容确定在我们脑海中之后，和它有关的事情就会比它周围的其他环境更快地被我们感知到。第二，它会突然被评估为积极的，被认为是真的，且不需要任何检验，就像大学生报上的词语一样。

其中有意思的是：和它有关的事情是被有意识还是被无意识地感知到，这一点并不重要。在超市实验中，受试者买了“爱”和“力量”等话语旁边的洗涤剂、果酱和鸡蛋，这些话语马上就会使人产生良好的感觉。我们看到它们的次数越频繁，它们对我们的影响就越深，受试者却根本记不起来，他们曾在超市入口处看到过相同的话语。尽管如此，它们仍然发挥了影响。

研究者发现，当我们有意或无意地识别出某物时，我们的大脑会分泌激素多巴胺。多巴胺具有类似安非他明的效用，会使人兴奋。

这种兴奋剂效应被广告和媒体所使用。“主播”作为新闻广播员，其面容会被我们无数次地看到。即便是在脸孔这个事情上，重复也会发生作用。我们都对主播很熟悉，特别心甘情愿地观看他的新闻，没有哪家电视台会轻率地换掉这一重要人物。请你想想，给“想挑战吗？”这个节目找一位托马斯·戈特沙尔克（Thomas Gottschalk）的继任者曾是多么困难啊！戈特沙尔克不是单单主持这个节目，曾经，他就是这个节目。继承这样的遗产需要勇气，因为很明显，一张不熟悉的脸最初必须承担被拒绝的风险。

在社交网络中，类似雪崩的重复发生得尤其快。在推特或是脸书上，随意一条很小的消息就有可能闪电般被用户复制成千上万次。由此，我们会被无限频繁地灌输同一条消息。即便这条信息是同一来源，即便是一条假消息，通过这种方式，也会突然让人觉得是真的。

倘若这条消息也被我们信任的人传播：我们的朋友和我们的家人，那么上述情况尤其如此。因此在网络上，早就有社交媒体专家混迹于我们人群之中。他们有目的地散布消息，制造观点或是宣传产品，这被称为病毒性营销。它之所以被叫作这个，是因为它就像病毒一样繁殖，侵入我们的头脑。我们的潜意识不去询问这条消息是从哪里偶得的，也不去询问它是否只是复制过来的。潜意识首先会自动做出反应。

在远古时代，这一机制很有意义。当我们去采集和狩猎的祖先们第一次踏上一条陌生的小路时，他们特别警惕和小心翼翼。未知的事物可能意味着危险，但是警惕和小心翼翼十分耗时。谁猜想每一棵树后都有剑齿虎群或是陷阱的存在，谁为了不掉下去而检查地面，谁就只能非常缓慢地前行。假如我们的祖先们经常走这条路，但没有发生过什么糟糕的事情，那么，他们路过得就越频繁，对这条路的看法就越好。他们知道：这里没有危险的威胁，我们曾来过这个地方，什么事情也没发生。这样，他们就能专注于最初的任务：谋取食物。

熟悉的事物向潜意识发出值得信任的信号，它本来就对现代媒体的乘法效应一无所知。对此，只有意识明白，但它的意见起初并不会被征询。

直觉反对理智

目前，在有关决策研究的心理学学科中，人们经常会讨论系统I和系统II，因为它们会对决策的产生起到决定性作用。你刚刚已经认识了系统I：我们的直觉。直觉会直接做出反应，不假思索。

请你看看下面的图：

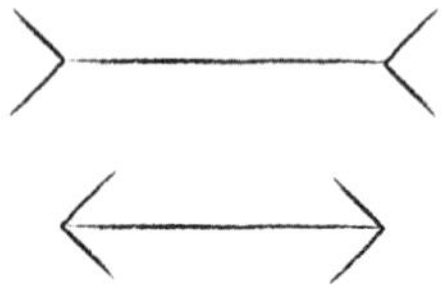

你看到了什么？你认为哪条线更长？哪条线更短？也许你早就了解过这个小实验，“知道”两条线一样长。尽管如此，你仍然尽可能地想方设法看出来不同——因为有开放结尾的那条线看上去就是更长一些。此处，系统I固执地坚持它的看法。

系统I不了解什么统计，它在一瞬间断定了“正确”答案——即使这是错的。

还有一个例子：请你设想有这样一位父亲，他照顾家庭和孩子，同时在社会活动方面也很活跃，他对待自己的工作认真负责。除此之外，他还致力于环境保护。你会自觉地把这位男士评价为自由派还是保守派？在这里，大部分人都猜他是一位自由的同时代者。但从统计结果来看，具有所列品质的人在政治上大多都是保守派——这是丹尼尔·卡尼曼（Daniel Kahnemann）在他的著作《思考，快与慢》中所写的事情。

我们常常被系统I牵着鼻子走。当然，直觉也常常站在正确的一方。但它也可能很快就上当受骗，尤其是当有人蓄意为之，并直接对它发出呼吁时。

反应较慢的是系统II：我们的理智。借助这个系统，我们可以做出理性的决定。通过它，我们会思考、寻求事实和逻辑论据，最终做出权衡。系统II会仔细调查并对事情追根究底，它是我们头脑里的科学家。但是，研究意味着劳心费力和速度上的损失，运用系统II我们没法迅速做出决策。它有一点笨拙，与之相反，系统I是冲动的急性子。

当然，要使我们不经审慎检查就马上接受某物，广告并不完全寄希望于我们的系统I。首先，我们会被宣传促销持续轰炸，由此，我们的大脑里会发生什么，我刚刚已经描述过了。此外，它把事物构建得相当简单，以便我们能够更加迅速地进行加工处理，这也是在催眠中常用的一项原则。

自己生活的标语

如果我问你这样一个问题，你会想到什么？

摩西把每种动物中的几只带上了方舟？

假如你现在想到的是“两只”，那么很可惜，我不得不说：错啦！摩西根本就没带什么动物到方舟上，这么做的是诺亚。

在日常生活中，我们通常只接收信息的碎片，我们的潜意识再把其他部分补充完整。广告也经常这么干，它只需要将能使我们产生积极情感的关键词表达出来即可。比如那首冰激凌广告歌《就像阳光下的冰》，只需几句话，对阳光明媚的夏日回忆就出现了，再配上欢快的旋律，就让我们感觉很好。

广告是一种凝结了我们美好愿望和梦想的精华版本——就是那些大多数人无论如何都持肯定态度的事物。就像带有灿烂阳光、幸福家庭、可爱小狗、棕榈树环绕着的加勒比海滩以及梦想房屋的图像散发出不可抗拒的美丽，让我们感觉到积极的力量。它们是那些让我们感觉舒适的场景的象征。同样的道理也适用于广告当中经常使用的话语，比如能量、能力、爱情、宠爱、幸福和力量。这些话语激起了我们心中美好的感觉，这种感觉也被相当顺便地转移到所展现的商品上面。名人所做的广告也是这么发挥作用的。我已经把某位名人和一种感觉联系了起来，只要我看到这位名人，这种感觉就会自动到来，不管我愿不愿意。而它也会被转移到所宣传的商品上去。

持续的重复还会产生另外一种影响。是的，重复是地地道道的洗脑神器。广告歌曲或是电视剧主题曲冲上了金曲榜，这没什么好惊讶的。你以前没说过这样的话吗："哎呀，一开始我觉得这首歌很可怕。但是现在，不知道怎么回事，我也不明白为什么，我觉得它好极了。"

我们没法那么容易地对抗广告，它简直无处不在。但是我们可以识别它的计谋，并对此加以利用。我的建议是：请你干脆为你自己的生活设计一个标语吧。你的日常生活应该是什么感觉？哪些关键词可以传递出来？假如上次在伊维萨岛度假让你感觉很愉快，那么就是"如同伊维萨岛上的夏日一般的生活"。也许另外的某人会觉得"像花圃里的一只蝴蝶"更好一些。

自由发挥你的想象力吧！然后写下你的标语，每天早上看一看。

祝你生活愉快！

如何把直觉送往训练营

如果我问你，字母“K”经常出现在单词的第一位还是单词的中间，你的第一反应是什么？嗯？是在第一位还是在中间？不要思考太久！

如果你任凭系统I，也就是你的直觉来做判断，那么你可能猜是第一位。大部分人都这样。但其实正确答案是中间位置。在这里，我观察到了一些有意思的事情：从事语言工作的人，比如记者或作家，几乎总是能自发地猜对。

这是一个好的信号！因为这表明，即使是系统I也能通过经验被训练。一旦涉及语言，作家们就有更加准确的直觉，这是因为他们每天都要深入地研究语言。

假如我们的直觉能被训练，那么这意味着，在重要时刻，我们无须束手无策地听凭操纵的摆布，而是可以快速而高效地做出反应。

那么，让我们培养自己简短追问的习惯吧。在大多数情景中，我们只有几秒钟的时间来做决定，根本没有更多的时间。

也就是说，我们再一次询问自己最初的直觉判断或是直觉的行为：我到底为什么在这里做这件事情?

比如“为什么我刚刚把这条巧克力棒扔进了购物车?它并不在我的购物清单上。我真的想要它吗？”或者“为什么我要反对我的同事迈耶女士呢?目前为止，我和她根本没有私交。准确地说，我只是听到了二手的传言。也许我该请她喝杯咖啡。”或者“我真的觉得政治家XX所主张的党纲好吗?我真的知道他在为什么负责吗?也许我该搞到一手信息。”

对直觉观点的追问在面临以下情况时尤其合适：

· 当我们自发地评价（或者甚至是批评）那些我们只是匆匆认识或完全不认识的人时；

· 当我们突然想买那些目前为止从未花过心思的东西时；

· 当我们面临譬如政治大选或是新的投资机会这样的重要决策时。

如果我们始终不懈地坚持这种做法，那么追问就会变成自觉的行为。由此，我们能获得关于一件事情更多的信息。在理想情况下，我们的第一判断就会被理性地论证，因为最佳决策总是系统I和系统II得出的相同推论。采用这种策略的话，许多在新经济腾飞时凭直觉把全部家当投到股票里的人就可以免受残酷失败的伤害。

这样，随着经验的累积，在某个时刻，我们的系统II也能变得越来越快——直至它和系统I融合：这就是说，我们的直觉学会了新的东西。如果我们对新事物保持开放态度的话，它就会随着我们生命的进程越来越准确。所以老人们常常拥有几乎不会出错的直觉，尤其是当他们怀着好奇度过一生时。

请你不要误解我，我是直觉的忠实粉丝，训练有素的直觉能够闪电般地区分真正的和假想的威胁。它还能把让我们真正幸福的东西和广告世界里的漂亮表象区分开来。下面的练习也能训练直觉。

品尝葡萄干

这是生活的微妙之处，我们应该为此开放我们的感官。找一个安静的地方，闭上眼睛，平静下来。然后把一粒小小的葡萄干放到你的舌头上，不要咬碎！感受它的形状、它的结构。让它慢慢在你的口中融化，尝一尝，甜味如何弥散于你的舌部。3分钟以后你再嚼碎它。这样你就打开了自己，去感知事物的细微，去仔细地观察。祝你好胃口，祝你在发现新的感觉世界时获得愉悦！

第一印象有效——但可能和你想的不同

悄无声息就获得了前往我们潜意识通道的不只有重复。在心理学中，有一个英文概念“Priming（启动）”。它的意思是，最初的印象，即第一印象会影响后续的所有印象。

也许英国的一个实验能阐明其中之意：受试者要把一个带有空格的单词中缺少的字母补充完整。看起来就是这样：

S __ __ P

在英语中，由此可以造出一些词来。比如stop（停止）、step（步伐）、snap（咔嚓）、seep（渗透）、slip（滑倒）、slap（拍打）、swap（交换）、shop（商店）、ship（轮船）等。有人在做任务之前，给一些受试者展示了EAT，也就是“吃”这个词。这些受试者毫不犹豫地把这个单词补充为SOUP，也就是“汤”。

反之，有些人此前被展示了WASH——“洗”这个单词，他们自发地把S __ __ P补充为SOAP，“肥皂”。

可以说，第一印象决定了方向。

当催眠医生向被催眠者发出第一项暗示时，他也可以利用这种直觉发生的机制。这样，他就创建了接下来一系列的框架。

优秀的销售人员也会采用这个策略。销售人员在接受培训时学过，要去鼓励顾客买得更多、买得更贵。而且还不只这样，在这个过程中，还应该让顾客感觉良好。因为只有感觉好的人才会再次光顾，变成常客。

当然，这一切都发生得非常巧妙而让人难以看透。

举个例子，男装专卖店的优秀售货员绝不会奔向顾客先把价值100欧元的皮带拿给对方看。他知道，这个价格对大部分人来说都意味着很多钱。相反，他先让顾客安静地看看西装。顾客应该获得舒服的而非被催逼的感觉，这样就形成了信任。顾客也应该不受打扰地四处看看那些昂贵的西装，这样他就会看到标价牌上巨大的款额。而这，如同我们马上就会看到的，对售货员而言十分有利。

一旦顾客拿着西装消失在更衣室，售货员就会积极起来。我确定接下来的事情你也曾遇到过。不管是在买西装时，还是在一家鞋店或是别的什么商店里，肯定每个人都了解这一时刻。此时，亲爱的售货员又把一件衣服——这种情况下是西装——递进更衣室，他说："请您看看这儿，我发现这件也是您的尺码。质量非常棒。"下一刻，顾客悄悄地看了看价码牌，咽了一下口水。让我们假设一下，后递过来的这套西装价值800欧元。但是顾客给自己设定了400欧元的价格限制。这么说的话，这套西装贵出了400欧元。

尽管他为自己设定了价格限制，但是这位潜在的顾客很有可能还是试了试那套过于昂贵的西装，毕竟售货员已经做出了如此努力——他快步穿过商店，给了建议，总的来说是很乐于助人的。我们感知到这份努力，把它当成一种形式的礼物——而且，我们被激发了回报礼物的反应（下一章将对此介绍更多）。在这种情况下，顾客的反应是尝试售货员给的建议。

但是，一旦顾客穿上这套昂贵的西装，陷阱就合上了：现在，他被启动了接受高昂价格和卓越质量的念头。接下来遇到的一切都会被与之相比。顾客在试穿了那套800欧元的名贵西装之后，觉得属于原本所计划的预算之内的400欧元以下的西装又廉价又缺乏吸引力。还有那条100欧元的皮带——当然，售货员现在才会把它拿过来——看起来简直物美价廉。

此处做出反应的是缺乏批判性的系统I。

尽管如此，我们这位男士还是很有可能没买那套价值800欧元的西装。但是他也许又考虑了一下，是否可以买比预算更贵一点的。因为买一件新衣服的同时，人们也买了一些自身价值感。类似“因为你值得拥有”或是“只能如此宠爱自己”的广告词能获得成功不是没有缘由的。只给自己买最便宜东西的人，会逐渐失去自尊心。调查发现，当同样的一件物品价格更高的时候，人们对它的评价也要高得多。

当然，一套300欧元或400欧元的西装也并非真的“便宜”，但是这一点只有系统II知道，而且这也不会有什么影响。因此，很有可能发生的情况是：这位顾客拿着一套600欧元的中间档西装以及那条100欧元的皮带离开商店。由于他经受住了那套800欧元的西装的诱惑，所以他甚至还很可能怀有省钱的感觉。事情就是这样，尽管他刚刚比原计划多花了300欧元。真疯狂，不是吗？

我们无法阻止系统I本身启动，这一过程是自动进行的。但是我们可以了解它，这不是什么魔法。不论何时，当我们了解了一种机制，我们就可以对自己说："噢，这里有什么正在对我搞小动作"以及"我要有意识地做出不参与进来的决定"。

比如，顾客可以养成这样的习惯：在他买下商品以前，先把那些打算买的东西挂回去或者放回去，过一天或者也可以只过一个小时再做决定，这已经足够系统II去分析这件事情了。你能想象得到你会因此省多少钱吗？

埃米尔·库埃（Émile Coué）的神奇套语

埃米尔·库埃是19世纪的一位心理学家和药剂师。他发现，每当他把某种药物夸成极好的治疗手段时，他给病人开出的这个药方就会发挥卓越的疗效。每当他不提及这个药物的特殊作用时，病程就会持续更长的时间。由此，他发现了所谓的安慰剂效应（对此稍后将会介绍更多）。埃米尔·库埃公布了如下自我暗示的方法，假如每天应用，就会对身体和心灵产生很棒的效果："每天我都变得更好"。请你一再地轻诵这个句子，最好在早上起床后或是晚上入睡前。这样就好像我们能和我们的细胞交流一样。

关于话语魔力的更多内容，请你现在阅读下一章。

Chapter 03 >>>

语言的魔力：如何使用正确的话语创造奇迹，你的名字如何变成幸运磁铁

在催眠中，我全程只使用语言，这就是全部奥秘，这就是效果的基础所在。没有看不到的放射物质，也不存在什么秘密发射器，就“只有”语言。

但是真的就“只有”语言吗？语言环绕着我们，无处不在。单词是它的分子，字母是它的原子。

在上一章，我们提到过受试者必须把一个新的单词补充完整的启动实验。这个实验表明：单词不仅仅只是单词，人们会把某些东西和它们联结起来。反之，话语也在引导并过滤着我们的感知。从某种意义上说，对我们而言，首先只存在那些有名称的事物。世代居住于当地的爱尔兰人能分辨并命名40种不同的绿色，因纽特人的语言中有关雪的颜色的单词多得不可思议。与之相反，居住在其他地方的我们只感知到了浅绿色和深绿色，涉及雪的单词也只有雪白，或许还有脏一些的白。可见，我们以话语称之的事物定义了我们的现实。

但这还不是全部。单词还能直接影响我们的身体，它们是有力量的。它们能使我们充满能量，也可以掠夺我们的能量。在一个实验中，大学生们的任务是把一些词组成句子。随后，他们必须把这个句子送到辅导员的房间。与此同时，学生们走这段路所需的时间会被计量出来。精彩之处在于，一组大学生得到的单词与青春有关，另一组得到的单词涉及老年。令人难以置信的事情发生了：第二组学生到达辅导员房间所需要的时间要比第一组长得多。那些“老的”单词使年轻人行动缓慢，而年轻的单词则引发了相反的效果。因此，让自己被正确的话语环绕是相当重要的。请你这样开始：

感恩的三个理由

一段时间以来，我为了使自己专注于生活的美好，实践了一种神奇的话语仪式。仪式如下：每天晚上，我抽出十分钟时间，写下一天之中最棒的三个时刻。比如，它有可能是：“今天我和儿子一起游泳了”“体会到新的催眠内容”或是“体验了一场鼓舞人心的歌舞剧”。

然后，我给每一件美好的事情都补充了一个为何我能经历此刻的理由。“我之所以和儿子一起游泳，是因为我是一个出色的家庭里的一员。”

请你至少实施这个仪式六个礼拜。你将会发现，你的全部感知、你的生活将发展成一场积极的经历。你将会精神焕发。

立即起效的神奇话语药物

你的男朋友昏昏欲睡，像老人那样走路吗？你最好的女友体弱多病，不错过任何一场感冒吗？你自己总是把一切事情拖延到最后一刻吗？

那么，你和你爱的人需要这种神奇的话语药物！

使用指南： 请你每天早上——以及需要时——用清单里的神奇词语造一个新的句子。你可以把这些神奇的词语贴到浴室的镜子上，或是写在床边的纸条上，随你乐意。你也可以自己想出话语药物清单。写这个事情本身就已经会带来巨大的效果了。

使人健康、年轻的词

力量　能量　精力旺盛　精干　光芒四射　有弹性　创新　旺盛　精明强干　闪电般迅速　弓弩　财产　忘乎所以　有效　有活力　积极　多汁　美好　漂亮　优秀　强壮　不可战胜　健康　充溢　优美　喷涌　紧张　平坦　新鲜　新事物　更好　睡饱了　充满活力　匀称　力量　饱满　精力充沛　辉煌　好奇心　敏捷

给人带来好心情和能量的词

爱情　愉快　阳光　云霄飞车　春天　好耶！花朵　现在橙子　海风　海上的闪闪金光　冒险　春天　财富　夏天　喝彩彩色　木瓜　是的　假期　冰激凌　棉花糖　无限　幸福　想象　芒果　跳舞　花卉　草莓　有余　玩耍　尖椒　热门　夏天的草地　幸福　快乐　美味　狂吻　星星　太阳伞　蹦蹦跳跳地走　兴趣　笑　奇迹　翻跟头　红色　套袋赛跑　礼物自由　头奖　金黄色　庆祝　好极了　嗬！香槟　迎面风　激动　亲吻　蹦蹦跳跳　享受　巧克力冰激凌　紧张　蹦床　美丽　心　辽阔

使人愉快放松的词

睡眠　做梦　云彩　飘　粉红　床　河流　宁静　柔和茶　香味　柔软　休息　再生　舒适感　海浪的澎湃声　浅蓝色　摇摆　瞌睡　信任　拥抱　溜达　吊床　潺潺地流　小羊羔　软绵绵　躺椅　睡觉　浪漫主义　小心翼翼　轻声　放松停顿　释放　依偎　安全　深处　灵魂　温柔　下沉　安静舒服　枕头　沙发　温暖　流动　香膏　和谐　打呼噜　保障接触　镇定

使工作愉悦的词（兼对抗磨洋工）

现在 立即 做 发生 完成 能量 实现 来吧 咖啡 成功 我愿意 直接 愉悦 有效 前进 出色 动力 咖啡因 野心 振奋 电池 雄心 开始干 是的！干 发动机 开始 优势 流 充满活力 紧张 上面 刺激 正是如此！目标 速度 坚持 运动 红色 是！力量 享受 行动 巅峰 河流 此时 肾上腺素 推动 节奏 意志 赢家

使人温暖、放松的词

桑拿 壁炉 苹果馅饼 闪烁 暖气 沙漠 茶 烤炉 沙滩 羊毛袜 土地 温度 炽热 太阳镜 热 热带 发热 篝火 围巾 依偎 非洲 炎热 毛毯 阳光的温暖 烤肉架 蒸汽 肉桂 棉被 佛罗里达 夏天 平底锅 撒哈拉 格洛格酒 热水袋 风帽 羽绒服 毛皮 帽子 浴缸 篝火 加勒比海 豌豆汤 包裹 可可 烤盘

使人冷却的词

冬天 冰 冷 凉爽 冰水 冰箱 沙拉 冷库 水晶 空气 湖蓝色 白色 雪 浸槽 北极带 北极 滑雪 橙汁

寒冷　水　呵！冷却零件　绿色　北极熊　圆顶冰屋　因纽特人　雪橇　柠檬　心旷神怡　冰柜　浪花　滴　极端　清澈水　浸入　滑冰鞋　风　通风　赤裸　冬天的森林　汽水　小冰砖　山峰　冰川　微风

· *说话的蝴蝶（1号脚本）*[1]

下面的可视化练习也是从话语中获得力量。你可以在放松状态下自行练习，比如在即将入睡前，或是刚刚睡醒后，这时我们完全自发地处于一种催眠状态。当你的朋友放松地坐在那里，闭着眼睛的时候，你也可以给他或她朗读这篇文章。如果你愿意，你甚至可以把它当作一场对方已陷入恍惚的公开催眠的暗示（上一章已经阐释过它的作用原理）。但是，其实恍惚完全没有必要，无论如何，蝴蝶都会发挥它神奇的效应。

闭上眼睛。

你正在一座漂亮的花园里，坐在长椅上。

突然飞来了一只极其美丽的蝴蝶。

1　本书中，所有后面带有括号以及“脚本”提示的文章，都可以在任何放松状态下被用作自我暗示。你可以把它们记下来，以便加深暗示，或者给那些你想帮助的朋友朗读。此外，它们也适合作为真正的催眠脚本。稍后你将了解到，如何有意识地对其他人进行催眠。

这只蝴蝶落在了你的手上。

这时它对你说话了。

它说了一句话。

只有一句。

这句话提示你，在生活中，你最应该关注什么。

然后它又飞走了。

你的这句话是什么呢?

人如其名：我们名字的暗示

名字是相当特别的话语，同时也是最强暗示的载体。它可能是传统的家族姓氏，与诸如成功的企业精神或是特定的学术派系联系在一起。在许多方面，那些姓氏赫赫有名的人会过得更容易一些。无论如何都是如此，只要他们还保持着祖先的传统。但是，他们也会被拿来与家族其他成员的成就相比。这可能会鼓励一个人，也可能造成压力。

不只是姓氏能发挥强烈的暗示作用，名字也可以变成某些特质的载体和放大器。我们假设，有一个孩子用了他祖父的名字保罗。假设保罗爷爷是个酒鬼。在每一场家族聚会上，小保罗都会听到亲戚们如何议论那个叫保罗的酒鬼。此时，小孙子很快就会受到诱惑，去接受同一种特质，就因为他也叫保罗，不知不觉就对这个名字产生了认同感。在这里，我们面对的是一种家庭式暗示，它总是一而再再而三地被加诸名字上。这样，这个孩子可能真的就成了一个酒鬼。因此，取名务必谨慎！谁的名字天生有缺憾，让他感到不舒服，那他至少可以给自己搞一个绰号，或者使用一个中间名——假如他的父母足够聪明，给他几个名字以供选择的话。

反之，把积极的暗示加诸名字也总是可行的。在催眠的末尾，我总是给对方提供一种和自己名字相连的特定的改善性暗示，对此的反馈毫无例外都很热烈。神奇的是，对方同样无须陷入恍惚，此过程就可以顺利发挥作用，而且只在很短的几秒内。

在“蒂特彦和希施豪森”这档脱口秀节目中，我和演员泰莎·米特尔施塔特（Tessa Mittelstaedt）对此进行了实验。首先，泰莎要单腿站立，以展开的双臂保持平衡。这是人们可以做出的最不稳定的姿势之一——只要一根手指，我就可以毫不费劲地使她失去平衡。接着，在她一直保持着平衡的状态下，我以积极的暗示“喂养”她。然后，不可思议的事情发生了：泰莎的力量变强，以至于我没法再把她推倒。你也可以亲自去试试！

将你的名字变成幸运磁铁

请你把下面这个句子写在纸条上。请用手写下它，只有这样，它才会发挥全部的效应。请你朗读，直到你完全把它印在了脑海里。然后，闭上眼睛，深呼吸，大声地重复七次这个句子：

每当我听到、读到或是说出我的名字（此处请添加你自己的名字），我就知道，我是强壮的，充满力量的，我健康、幸福而且富有。

请你设想，这个暗示如何沉到了你的潜意识里。你完全被它充满，深吸一口气，感受话语的真理。

名字确实是强大的倚仗。在我们这里，在德国，人们发现，使用约翰内斯、亚历山大或是卡塔琳娜等传统名字的人要比用肯尼特或者曼迪这种现代名字的同类人拥有更多的金钱，后者名字的来源通常可以追溯到名人身上，比如电影明星或是流行歌手。与之相符的还有教育学家们从一项研究中得出的认知。他们在小学老师之间做了个研究，结果认定，班里的吉姆和尚塔尔比名叫马克西米连或是玛利亚的孩子笨。可惜的是，这种判断又反作用到孩子身上。被认为愚笨的孩子很难说服大人们相信相反的情况，这让人沮丧。沮丧继而使得孩子们放弃了努力，这样偏见就被落实了。而这种偏见还会继续蔓延，从中小学直至他们进入职业生涯。大多数人本能地对伊利亚斯比对叫凯文的人更加尊重。这不公平，但我们的心理就是这样运作的。

请你设想，你有个叫拉斯的前男友，你和他之间有极其糟糕的过往。在你这儿，下一个拉斯很有可能讨不了好——直至你从系统I切换到系统II，更仔细地观察这个拉斯究竟是个什么样的人。

自证预言

即使你的男朋友们（或女朋友们）不叫同样的名字，许多人也会感觉，在亲密关系中可能会一再地遇到同一类人或是陷入相同的僵局。从理论上来说，这当然是有可能的。但是在很多情况下，我们只是自己预设的受害者。这样，我们面对的就是自证预言的问题，也就是自我实现预言。此时系统I给我们设了一个陷阱，因为我们的偏见不只使我们看到与其一致的现象——我们也如此作为，使得偏见最终成真。

社会学家保罗·瓦兹拉威克（Paul Watzlawick）在他著名的劝讽作品《不幸指南》里讲了一个《借锤子的男人》的故事。这个故事大概如下：有个人想挂一幅画，但是他没有锤子，所以想向邻居借。还在路上的时候，他就已经起了疑心："昨天，这个邻居打招呼的时候很怪异。也许他想避开自己？也许他根本不想把锤子借给自己？是的，他可能对自己有什么意见。但是到底怎么回事呢？肯定是这个邻居有些高傲。如果是自己的话，肯定随时把自己的工具借给所有邻居。而这个讨厌鬼连这么一件举手之劳的忙都不愿意帮。就好像自己有求于他似的……”最后，他冲到邻居那儿，对着邻居大喊：“留着你自个儿的锤子吧！没教养的家伙！”

这个故事当然是虚构的。尽管如此，它还是清楚地说明了自证预言是如何起作用的：一个遭遇了这般咆哮的人将来肯定不会再把锤子借给他暴躁的邻居——而这个暴躁的邻居也验证了他的预言。

可惜的是，这样的消极暗示每天都会引发一些不怎么愉快的场景。请你设想，有一位女士和那个借锤子的男人一样，正在愤怒中进行想象。她觉得她的伴侣撒手不管，把家务事全留给她了。这时，他下班回家了，也真的马上就坐到了电视机前的沙发上，他还把他的袜子留在了浴室的地板上。

现在，对他的女朋友来说，这两件事情成了预设情况的“论据”——她的男朋友“很懒”，也不愿意参与家务。至于他清理了洗碗机这个事情，她觉得这是他为了掩饰日常懒惰所做的一件小事。也许，这位失望的女士要为此开始一场争吵了。然后，这可能导致她的男朋友真的不再有兴趣动一根手指头。他觉得很挫败，因为他所做的——清理洗碗机——被闭口不提。顺便说一下，这种假设有可能又成为他的自证预言。所以，他不再帮忙做一些家务，而是为了避开让人遭受神经折磨的争吵而躲进健身房。看吧：他女朋友的预言实现了！他真的撒手不管，让她一人面对家务，这个大男子主义者！

社会学家哈罗德·加芬克尔（Harold Garfinkel）是民族学方法论的创始人。粗略地说，这门科学研究的是我们对现实的理解借助于哪些无意识的语言方法。加芬克尔在实验中证明，根据原有的信息，我们可能会对同一种行为做出完全矛盾的阐释。

比如在上面的例子中，如果女士掌握的信息是她的伴侣在办公室里度过了辛苦的一天，那么针对该情况的阐释可能就截然不同了。或者他当下正饱受抑郁之苦，在这种情况下，他的表现可能一模一样：瘫在沙发上，把袜子扔在浴室的地板上。但是，这时他的伴侣关注的不是他的“懒惰”，而是这个可怜的家伙在不爽的情况下“甚至”还清理了洗碗机。这也许又引得她称赞他，而她的称赞很有可能激发了他以后做更多家务的积极性（关于认可的暗示性力量，请阅读第四章）。开始的情景是一模一样的——但对它的阐释截然不同，决定了这个晚上的后续走向。

因此，如果你沮丧地认为“男人/女人都一样”，并且在亲密关系中感觉自己是牺牲者，那么坐下来列一张清单会对你有所帮助。请你在清单上写下50个特征，它们表明了你和伴侣当前的关系和以往的区别。这种了解增强了你对真实情况的洞察力。它意味着，你不再直接盲目地信任你的直觉，而是也把系统II囊括了进来。你运用理智收集更多积极的信息，由此，你观察伴侣的角度就被拓宽了。这样，负面的自证预言就会不攻自破。

波鸿社会心理学家汉斯-维尔纳·比尔霍夫（Hans-Werner Bierhoff）以及埃尔克·罗曼（Elke Rohmann）推荐了5：1法则，即批评伴侣一次之后，至少应该称赞他五次。如果你目前也还在遵守这个法则，那你就会使你的感知有意识地聚焦于伴侣的积极方面。赞扬的话语确定了新的方向，成为对积极自证预言有利的暗示。在某一时刻，它带来了“深度理想化”。这个来源于心理学的概念和热恋中的粉红色眼镜没什么区别，它接受了日常适用性检验，戴上后看待一切都很乐观。这也使得我们在许多年后依然明白，为什么我们曾经爱上了那个特别的人。

神奇的超越策略

你是否曾经遇到过有特别着急的事情要办，却不得不排在长队之中？那你肯定会对这种特殊类型的自证预言感兴趣。实验表明，在大多数情况下，受试者都可以顺利插队，只要他们给出一个理由。其中令人惊奇的是：至于给出的理由是什么，这一点儿都不重要。即便是完全无意义的解释也会达到预期的效果，只要它们被配以严肃的表情陈述出来。比如在铁路自动售票机旁：“对不起，您可以让我先办吗？我必须得取张票。”在复印机旁：“不好意思，我很着急，我必须得复印。”请你试试吧，大多数情况都会成功。

Chapter 04 >>>

所有事物的暗示力：为何我们每天会被自己的住宅催眠

你喜欢时尚吗？还是觉得穿着没那么重要？假如你的情况符合后者，那你就上当受骗了：我们的外在形象起到的作用远不止我们能被看到的表面，它不仅仅只是对外，还能发挥深层次的心理作用。构建我们外表的方式就像暗示一样，反作用于我们的性格。譬如，在穿香奈儿套装的人身上，这个暗示是：我很优雅，也很传统；有人穿着来自东京、柏林和纽约的最新潮服，暗示说：我是个世界主义者；匡威爱好者的穿着仿佛在轻声低语：我很懒散，无所谓身份的象征。

当这些人突然不再被允许穿他们日常的衣服时，其性格也会发生改变。因此，世界的许多监狱都十分重视统一穿着：犯罪的“我”要和个性的服装一起被剥下。此外，囚犯的头发也会被剪掉，目的也是为了剥夺他们一部分个性。

许多人在去理发的早晨，突然觉得自己昨天还无法忍受的拖把式发型其实还相当过得去，也是与对个性丧失的恐惧有关：“哎呀，还行嘛！”当发型师破坏我们的头发时，这也使我们的心理有了一些改变。幸亏这事儿不会发生在我身上，因为我会自己修剪脑袋上的半月形，这样就几乎不会出什么岔子。

头发是自我形象的组成部分，如同我们的服饰一样。在开始新的人生阶段时，许多人根本性地改变他们的发型，这不是陈词滥调。飘落在地上的每一根头发，都为一个新的自我腾出了位置。这种新的影像就像新暗示的投影屏。

社会差别可以被脱下，尊重可以被穿上

衣装影响我们的性格，这一点在很多领域被有意识地利用。制服使人们脱离了个人的现实范畴，因此，许多国家的儿童和青少年在学校都不被允许穿自己的衣服，而是穿校服。所有人都一样的校服废除了私服中呈现出来的社会差别，由此，人们铲除了校园里等级纷争的温床。没穿昂贵的品牌牛仔裤的人不会遭遇强迫，也不会因此受到霸凌。校服本身承载了一条十分积极的暗示性信息：不管你们来自哪里，你们的父母有多少钱，你们所有人都有同样受教育的权利，没有谁比别人更好或是更差。

穿着职业制服的人也不再是先前的他，其性格也发生了改

变，当然部分原因也在于别人对他态度的改变。在遇到的那些人眼里，穿着典型的白大褂的医生或是穿着西服的飞行员获得了特定的品质，这仅仅是因为他们的服饰。制服为警察赢得尊重，使机长周身散发出安全感。在所有案例中，职业制服自带权威，它为穿着者出具了其所在领域的能力证明。但是仅仅这些，还远远没有挖掘出制服所带来的全部影响力。

候诊室里的自然痊愈

这种情况你了解吗？你正坐在牙医的候诊室里，突然牙疼就减轻了许多。这并不是因为我们的神经突然感觉不灵敏了。相反，坐在候诊室以及由此获得的认知——马上就会被一位专治牙疼的有能力的医生所诊治——已经强烈地影响了我们的身体反应。不仅是医生的白大褂，诊所的环境也可以起到暗示治疗和救助的作用。其结果是：疼痛突然减轻了。

身份和权威所传递的一切都会对我们的潜意识造成特别强烈的影响。通常，医生都非常了解这一点，所以也逐渐产生了“说话的药物”这个概念。如今，许多科学家认为，被视为权威人士的医生与其病人之间的交谈是疾病得以治愈的根本原因之一。因此，它被看作安慰剂效应产生过程的一个主要组成部分（第七章还会更加详细地论述安慰剂效应）。可惜的是，医疗保险公司对此并不热心，因为时间就是金钱，而医生的时间比一粒药更加值钱。其实在这个过程中，通常医生根本不需要讲那么多，一句“一切都会好转”就会对潜意识发挥令人难以置信的暗示性效应。因为如果医生这么说的话——一般的基本假设就是如此——那么这肯定是真的。大部分人100%信任医生，人们常说“穿白大褂的半神”，这不是毫无缘由的。对某人或某事的信任使得信息坚若磐石地扎根于潜意识之中。之后，它们在那里作用于身体。相反，假如医生说的是“没救了”，那由此产生的效应大家可以想象得到。所以，负责的医生不会做出如此绝对的诊断，即便前景确实不妙。何况，自然痊愈的可能性始终存在。

我自己也没法摆脱这种医生效应。在我儿子三个月大的时候，他突然大哭大闹起来，我和我太太此前还从未经历过这种状况。我们担心地去找儿科医生，因为我们无法使孩子平静下来。

终于，我们被叫到了诊室里。医生微笑着，他的白大褂散发出专业和使人平静的光辉，我马上就觉得没那么不舒服了。当医生看起来如此可靠的时候，情况似乎就已经不那么糟糕了。我太太也显得平静多了。医生瞥了一眼我们的儿子，小心地把他的小肚子翻过来，说道：“别担心，就是三个月常见的小儿肠绞痛而已。所有的婴儿都会这样，没什么严重的。”当时的场景就像他念了个咒语似的。从这一刻起，我和我太太都放松下来。从这一秒到那一秒，我们的内心活动完全正常化了。这只是因为一位权威人士减轻了我们的压力。而情况其实还是一样的：我们的儿子还是因为肠绞痛而哭闹。但是尽管如此，此时的情况对我们而言已经完全不同。

你看，话语是有力量的。尤其是当它们被我们所信任的人说出来时。为人父母者与孩子交流时，要特别记住这一点，老师和其他教育者也是如此。一句不经意的“你做不到”所带来的影响可能会持续一生之久。

催眠师的制服由话语织成

当然，催眠师也需要权威和信任。如果没有这两项“事先的荣誉”，催眠不会起作用，所以他也需要制服。但是该制服在大多数情况下都不可见。

当一个人学习催眠或学习催眠治疗时，他首先被这样教导：最重要的事情是先自我暗示——我是催眠师，我是催眠师，我是催眠师，以及等等。对此，催眠师本人必须坚信不疑。

具体而言，假如我对某个人讲：“我刚刚学了催眠，想和你试验一下。”那么我成功催眠对方的机会大约只有30%。但是倘若我说（不管是不是真的）：“催眠这事儿我已经干了10年了。”那么我已经使他或者她进入了半催眠状态。对方将会认为，我有10年的经验，肯定能相当容易地催眠他或是她。这就已经是第一个暗示了。正是在此刻，我套上了那件看不见的催眠师制服。

顺便说一下，这只是一个例子而已。如果你刚刚学会催眠的话，那你当然不应该撒谎说你早就已经开始执业。也就是说，在没有把握的情况下，你自己是不会相信这个谎言的，但是如前所述，你必须要相信你的能力。所以，请你忽略那些细节，就这样说："我是催眠师。"这就已经释放出了权威。有效且能被感觉到的事情，就是真相。

除了这件看不见的"制服"之外，我在出场时还会利用我的舞台服装。当我身着演出服——那件黑色礼服和手杖登台时，我马上就钻进了催眠师的角色。这对我和观众发挥了同样的暗示作用，它是我艺术性的处理方式之一，我能清晰地感觉到这种相互作用。相反，如果我穿着私服站在舞台上，或者是在一个电视节目中突然被请求表演些什么，那么这个节目会得到一个完全不同的成绩，因为衣服以同种方式定义了我和观众。身穿礼服和身穿牛仔裤、马甲时有所不同，观众对我也有不同的期待。因此，即使我并非有意识地决定穿哪些衣服，它们也还是会发生影响。就是这样，甚至当我蒙着眼睛把手伸进衣柜时：我所拿到的就是让人意外的元素，它影响我，我穿戴它。

社会学家保罗·瓦兹拉威克发现，人们不可能不交际："作为或者不作为，说话或者沉默，一切都有告知的特征。"因此，不管我们做还是不做，说还是不说，构建还是不构建我们周围的环境，所有这一切都是行动，它们告知我们身边的人——以及我们自己——关于我们的信息。

正如我们已经看到的那样，衣服就是最好的示例：当我穿着礼服时，人们对我的反应不同于我一身休闲打扮散步之时。他们对我有或多或少的尊重，他们对我的能力、我的创造力有某种期望。

在一个实验中，人们想要弄清楚谁才是最成功的商人：是穿着西装的那种人还是穿着牛仔裤的？该实验得到的结果是：穿着西装的同一个人比他做大学生装扮时卖出了更多的东西。

然而，其实从根本上讲，这已经不再是同一个人了。因为当我们穿着西装时，和穿着牛仔裤的自己是两个不同的人。实际上，这涉及神奇的思维。如果我相信，某人因为我穿了一件昂贵的意大利名牌西装而对我表示出尊重，那么事实也会如此。因为我是这样估计的，其他人也是。

请你想想超人、蝙蝠侠或是蜘蛛侠吧：这些漫画形象需要他们的披风和面具，以便成为超级英雄。只有穿着这些衣服时，他们才能发挥自己的超自然力量。只要他们这样出场，人们就会知道，救星来了——这是一种催眠暗示。当他们作为克拉克·肯特（Clark Kent）、布鲁斯·韦恩（Bruce Wayne）或者彼得·帕克（Peter Parker）等日常自我出现时，人们不会相信他们能做出英雄事迹，也许他们自己也不会相信。在这个过程中，正是穿着使人们超越了自己：对自己能做某事的确定和信任。衣服可以发挥神奇的效应，如同下面这场可以带来改变、力量和自信的仪式。

· *你幻想的西装（2号脚本）*

闭上你的眼睛。

想象你站在一面大镜子前。

观察你在镜子里的形象，但是想象你在镜中的影像看起来已经是你将来想要变成的样子。强大、自信、成功、随心所欲。

然后走进镜子。

先站在这个影像旁边，就是你想要变成的影像。最后，你钻到这个影像中去。占据它，完完全全地填满它，套上它，就好像套进为你量身定制的西装。

然后再从镜子里出来，重新审视自己。这一次是你新的自我。睁开眼睛吧，以强大和改变的新形象应对你的挑战。

我们的住宅如何催眠我们，以及我们如何设法使其发送正确的信息

和衣服相似，所处的环境也会影响我们的潜意识。假如我们在自己的住宅里感觉舒适，那么我们所拥有的不只是好心情，我们也会使自己的潜意识易于接受我们想给它输入的一切。

可惜的是，在构建我们周围的环境时，我们经常忽视那些

会直接影响我们潜意识的因素。所有的感官都为我们是否感觉舒适贡献微薄之力。譬如，香味就能相当直接地提升或是降低我们的舒适感。在生活中，我们往往会把特定的气味和特定的感觉联结起来。其中，“联结”一词可以按照字面理解，和气味同时产生的大脑中的神经元网络牢固得令人难以置信。我们不会忘记气味，当我们又闻到一种已经习得的气味时，脑中掌控我们情感的边缘系统就会马上再次唤起相应的感觉。毕竟，嗅觉比人类更加古老，它是最重要的感觉之一，被用于自觉地乃至自发地评估危险是否迫在眉睫。气味告诉我们，我们可以放松还是必须小心警惕。

比如，咖啡的香气会引发大部分人愉快、放松的舒适联想。相反，牙医诊所里混合着消毒剂、印模膏和其他化学制剂的气味则唤起了许多人真实的恐惧感，因为在孩童时期，他们在这种环境中有不舒服的经历。如果我们最喜欢的那个风趣的阿姨总是在住宅里摆上新鲜的百合，那么以后即便阿姨不在，百合的香气也很有可能会改善我们的情绪。

除了已经习得的气味联结以外，还有一些香味对所有人都有相似的影响。这可以说是一种由进化牢固安装于大脑中的程序。比如，柠檬、佛手柑、橙子等柑橘类香味能改善我们的情绪，使学习变得简单。薰衣草也有一样的效果，这种普罗旺斯香草还能使我们放松，使睡眠更加安宁。薄荷和肉桂的气味能促进我们的积极性和动力，抵制挫折感。人们可以实实在在有意识地用精油布置住宅，比如可以把精油装到一只盛了水的小碗里，再把它放到暖气片上蒸发，以便我们的潜意识切换到“感觉舒适”这一档。不过，我们也可以利用香味，使学习内容特别牢固地扎根于我们的记忆力中。举例来说，如果我们学英语时总是被柚子的气味环绕，那么当我们最需要英语单词时——比如周末去伦敦旅行的时候，手关节处滴几滴这种香气的精油，马上就会使这些单词又浮在脑海中。

现在回到我们的住宅话题上：在布置四壁时，你应该牢牢记住：我们周围的所有物品都拥有思想并因此具有影响力。比如，它们可以传输回忆，一件老家具或是一幅画都能做到。它们也可以让我们回忆起自己的激情，比如运动设备或是业余爱好用品。

物品也可能变成心理问题。比如当人们完全被自己过往的东西包围时，会使做出决定或是形成新观点更加困难。我听说有一个男人，他的女朋友在一场车祸中丧生了。此后，他一直随身带着她的遗物，并在其中生活。坐在她的沙发上，在她的桌子旁用她的餐具吃饭，每天看墙上她的艺术照。他生活在一座“过往博物馆”中，甚至还继续用着女朋友离世时他用的那个牌子的须后水。

在这个过程中，他是不幸的，他的生活停滞了。在私下里，在职业生涯方面，他都原地不动。直到数年后，他鼓起全部勇气，把那些东西放到地下室，后来又捐赠了出去，生活才继续向前。他新认识了一位女士，真正地开始了新的幸福生活。

有一个奇妙的仪式可以把赐予能量和剥夺能量的东西区分开来，亚历桑德罗·佐杜洛夫斯基（Alejandro Jodorowsky）在他的《心理魔法实践手册》中曾描写过：

物品的仪式

请你买一些粘贴标签，把它们分成两组。

请在其中一组上写“是”，在另一组上写“否”。在一个星期天的午夜时分，穿过你的住宅，检查其中包含的一切物品：家具、图片、书籍、CD、文件、衣服、餐具、装饰物、收藏品、照片、奖状、床上用品等等。你把周一破晓前的一整夜都用来给你看到的一切物品贴上标签：“是”（如果这个东西有用）或者“否”（如果这个东西没用）。你可能也会发现一些物品，它们有用，但是可以追溯到你和另一个伴侣一起生活的时间；或者是已经去世了的亲戚的遗物，它们在一生中从未实现自我。诸如此类。请你给这些物品也贴上“否”的标签。

在这项任务的最后，你把所有贴着“否”的物品堆成一堆，放到路旁（此前，你已经和城市管理局约好了领取事宜）。不管这些没用的东西可能价值几何，请你不要试图把它们卖掉。如果你卖了它们的话，你将会把得到的钱以及以此购买的新物品继续与恶劣的过去联结起来。

当你从剩下的物品上（那些有用或是重要的东西）揭下写着“是”的标签时，你说：“谢谢！”然后，请你把所有这些标签放到一起，把它们团成一个球。把这只球放到花盆里，用土埋起来，然后种上一株美丽的花。

你看到了：外表总会影响内在。例如，外在的秩序会对我们冷静思考的能力产生影响。天才从不杂乱无章，天才总是善于整理。因为即使我们试图忽略我们周围的杂乱，潜意识也能感知得到，并且会用焦虑和混乱的思想作为反应。如果你无法集中注意力，请你试着收拾一下写字台，使你周围的环境安静一些。这会创造奇迹！

音乐也有影响。例如，大多数古典音乐能刺激阿尔法粒子光谱脑电波，这种阿尔法粒子光谱也在催眠中发挥着重要作用。阿尔法脑波能带来放松和舒适感，而且它们会使人更加聪敏。加利福尼亚大学尔湾分校的学习与记忆神经生物学中心进行了一项研究，让36位大学生聆听了10分钟莫扎特的D大调双钢琴奏鸣曲。接着，这些大学生必须完成一个经典的智力测试。另一次，同一组大学生在做这个智力测试前听了具有放松效果的音乐，第三次，他们就只是静静地坐在那里。所有的大学生都在听过D大调双钢琴奏鸣曲之后取得了明显更好的成绩，他们的平均成绩高出了9分：提高显著。

此外，学习时所听的古典音乐能促进新信息的吸收与记忆。汉堡大学的一项研究也发现了这一点。但是，只有当音乐以刚刚超过听觉阈限的音量播放时，也就是被无意识地感知到而不会分散人的注意力时，它才能起效。为了达到这种效果，科学家们尤其推荐巴赫或莫扎特的慢曲。

当然，回忆和与之相联的感觉也能被音乐唤起。譬如，当你听20世纪90年代初期的老混音带时，你也许马上感到自己年轻了几岁。

颜色触动人心

颜色的设置也会直接影响潜意识，进而影响我们的身体。例如，粉红色使人平和、愉快，能抑制食欲，减缓心跳，降低血压。但是，它也能明显削弱肌肉的力量。美国研究者约翰·N. 奥特（John N. Ott）在一场压手臂比赛中，先让受试者看了一张粉红色海报，受试者们输掉了这场力量比试。直到他们又被允许看一张蓝色海报时，他们才又恢复了一些力气。在这个认知的基础上，生物社会学家亚历山大·G. 绍斯（Alexander G. Schauss）在20世纪70年代末研究出一种粉红色调，它被用于粉刷一间反侵略性禁闭室。在那里，逆反的囚犯得到了十分有效的安抚。如今，这一原则在瑞士等国被广泛应用。

然而，不只颜色的波长可以通过视网膜发挥影响，其振动也会通过皮肤被吸收。就连盲人也能对颜色有所反应，其发现者是“理性光疗法”的创始人、来自法罗群岛的尼尔斯·吕贝里·芬森（Niels Ryberg Finsen）医生。1903年，凭借对颜色的能量效应的认识，芬森获得了诺贝尔奖。

红色能使血压升高，还能促进新陈代谢。它使人产生对体力活动和性的兴趣。卧室内红色的墙壁能确确实实点燃昏昏欲睡的性爱。如果你不相信的话，那就去试试。但是，如果你存在睡眠障碍，就要谨慎对待这种颜色。安全起见，也许你应该额外装一块帷幕。

广告中常常使用红色字体，你是否曾注意过这一点？人们在研究中发现，如果字体是红色或是浅蓝色，会显得更加可信。我在第一章的超市实验中也把指示牌印成了红色。红色是一种信号色，在进化的过程中，我们这个物种学习到：红色的东西总是意味着真实的存在。和绿色、棕色不同，红色不擅掩饰，它在环境中被衬托得十分突出。像血一样，像成熟多汁的水果一样，像兴奋的性伴侣一样。如今，这种真实也转移到了用这种颜色书写的文本上面。

浅蓝色也不是伪装色。它在大自然中十分醒目，像明亮的碧空，像一双眼睛。因此，如果你想使一封信显得格外真实，那就在较深的底色上用浅蓝色的墨水书写吧，譬如可以写在一张草绿色的纸上。绿色使人放松，促进创造的进程，所以，它是书房的理想颜色。橙色改善心情，不过，除此以外它还使我们胃口大开。你是否已经发现了，快餐连锁店的内部装饰和薯条厂家的包装都主要使用橙色和红色色调？这样你就会比计划中吃得更多。相反，紫色抑制食欲，这种色调常常应用在节食产品上。

眼睛参与赏味，品尝我们的预期

刚刚我说到了饮食：米其林餐厅里的食物看起来和小吃摊上的不同，这并非偶然。充满艺术性的堆叠和分层、盘子的装饰，都对我们的味觉神经产生了影响。眼睛确确实实地参与了赏味。我们预期会得到特别的美食，那么我们也真的能得到。在想象中，我们预先品尝了我们的舌头还根本没有碰触过的食物。就连根本没有食物在附近时，这一点甚至也会起效。你不相信？那么，请你想象一只柠檬。想象你如何慢慢地从中切下一块薄片，汁水如何盈盈涌出，香味如何升到鼻端。现在，请你咬一口这块想象中的柠檬片，你察觉到你的嘴巴如何闭上了吗？

根据斯坦福大学的研究，当受试者想到饮食时，他们所产生的消化液增加了70%。我们在进食时和进食前所想的事情甚至有更加令人惊讶的效果。研究证明，假如我们认为，我们的饮食健康而且质量优良，那么我们就不太会增重。所以，比起在超市架子最底层放置的内容一样但没有牌子、价格低廉的花生，位于我们视线等高处的价格较贵的花生就不怎么让人变胖。我们否定了前者的质量，因为它实际上更便宜，看起来也确实如此。

这种预设可能真的有损健康，因为身体会做出反应。因此，如果你在饮食时一直想“哎呀，这样会变胖的”，那你的身体将进行调控，你会真的变胖。

你曾经节食过吗？这个过程中的问题通常是，饮食总在你脑子里盘旋。这是一种具有渗透效应的暗示，你向身体发出食物紧缺的信号，一场饥荒。所以，我们在节食时所吃的东西会被特别好地吸收，直至最后一卡路里。但是假如我们能够总是直接去吃那些我们感兴趣的食物，那么，就连油腻的比萨有时也不会变成我们屁股上的肥肉。

在一档电视访谈节目里，我曾遇到一位患有暴食症的年轻女士。在她的饮食行为中，一开始一切都还只围绕着有机产品，随着时间的推移，她一再地对自己的食物进行分类，到最后只保留了生的蔬菜。对她而言，饮食成了个性的证明，同时也变成了一个问题。

在这个事情上，健康饮食的秘诀在于不要思虑过多，而是听身体的话。这当然并不容易。广告、电影和电视影响了我们对美的设想，它们给我们的潜意识灌输，只有苗条的人才美。这也是一种暗示，它使我们忽视了，许多人更适合丰腴一些的身材。

当我们改变环境时，我们改变了自己

当你想要改变生活中的一些事宜时，你首先要清楚的是，周围的一切（确确实实是一切），都会对你的潜意识产生影响。我们所有人都如此，不管我们是否愿意。我们的衣服、住宅里的每一处细节、我们的职业、我们的办公室、我们的同事、我们的朋友，甚至是一些“次要的”东西，比如我们的发型。

假如你想改变某事，那么你应该了解，为什么你生活中的某些细节是这样而不是那样。这是因为，虽然我们感觉自己是独一无二的个体，但我们依然是社会性生物，会无意识地模仿别人，天性如此，这一点我们无法摆脱。哪里有一些人共同生活，哪里就会自动形成群体以及对这些群体的预期。一人以其他人的行为为导向，这贯穿于整个社会之中。

以广告工作者为例，常常惹人注目的一点是，他们主要穿着黑色的衣服四处走动。当然，这些人看起来并非完全相同，但是他们之间存在相似点，即几乎都以制服为衣着的发展方向。但极少有人意识到了这一点，也许他们这样想：我就是觉得黑色最好看。毕竟，他们每天看到的都是这样。

你还记得吧，我们会认为我们反复遇到的那些东西特别积极正面。因此这样的情况也会发生——比如法学生就倾向于与人文学者保持区别。前者声名狼藉，因为他们在大学时期就已经信奉职业穿搭，预先遵循了目标职业的着装法则。相比之下，后者通常喜欢穿得随意一些。有时候，暗示出从属关系的也只是一些细节而已。根据形势的变化，我们也会与其他群体融合，这会在我们的外表中反映出来。比如在参加空手道协会的训练时，广告工作者也不会穿着黑色制服四处走动；而法学家大概也不会身着职业套装站在灶旁，给他的家人煮香辣茄酱意面。

从某种角度来说，道具帮我们促使自我的其他棱面一次又一次地闪闪发光，这取决于哪道光线落在我们身上。与舞台生活相比，我的私生活展现出不同的棱面。如果我们改变了道具，那么我们不只改变了表面，也改变了我们自己。而决定权在我们自己手中。

请你了解这一点。想象一下，你的生活是一场电影，你是主角，同时也是赋予这场电影准确氛围的道具师。什么是你期望的？是成功女企业家或是成功男企业家的幸福生活？你理想中的个体化自我看起来是什么样子？是你现在这样吗？如果不是，那你的自我穿了什么？它在读什么？它外出去哪里？它有什么布置？如果我们逐渐使我们周围的环境与我们的愿望协调一致，那么实现愿望就会更容易。为你的理想生活翻寻道具吧，在跳蚤市场上，在网络中，在杂货铺里。这不只是表面的仪式感，它会对我们的灵魂产生渗透效应。

例如我的手杖，是我的舞台自我的一个重要细节，专门制造于伦敦一家旧式的雨伞与手杖店铺。来历的气质环绕着这根手杖，我把它带到舞台上。此外，我还收集过去几百年那些稀奇古怪的东西，它们与我对魔法和魔术师的热情有关。这些东西就像提醒我的备忘录。

用话语构建你的环境吧，请你记住：话语拥有能量。写着破坏性格言的招贴画可能带来灾难性的后果。而用大写的字母印刷“KRAFT”（德语：“力量”），把它钉在门上。每当走过此处，你就会被注射一剂力量。你甚至都无须故意去看这个单词，它会产生影响的，相信我吧！

Chapter 05 >>>

赠送的磁力法则：当顾客拥有温暖的双手时，你能卖出更多商品

正确的话语不仅能改善我们自己，它们也可能是奇妙的礼物，是另外一条途径，目的是让我们的生活更加美好，让我们同伴的灵魂得以提升。想想赞美吧，发自内心的真诚的赞美，就像一缕穿破云层的日光一样带给人安慰，特别是当接受者刚好状态不佳时效果尤佳。佛教中有施与法则，这是说，我们心甘情愿给予别人我们想要得到的东西，由此，我们获得的是宇宙的丰盈流经我们的生活。修行的佛教徒从来不会空着手去别人那儿：一朵花、一句赞美或是一句美好的祝福就是他们的礼物。

现在，这听起来可能有些深奥，但是基本的心理原则完全与此不同。在赠送时，尤其是当我们接受馈赠时，我们的系统I——直觉会对此做出直接反应。在日常生活中，我们经常不断地遇到礼物原则。当我们被某人给予某物时，都会感觉到一种想要回馈对方的内心渴望。举例来说，购物中心或是超市里试吃活动的成功都是以这项原则为基础。通过小礼物——即便它只是一块刚抹上涂层的苏打饼干——售货员唤起了我们心中的责任感。当我们与售货员交谈，他就在我们身上投资了时间，瞧吧，又是一件礼物。当回馈对方的责任感增强，就需要重新建立平衡，“现在直接就走多尴尬啊。”这时，最简单的做法常常是购买其所提供的商品，这当然正是售货员期望的结果。你还记得我在超市做的实验吗？一位促销员要给克里斯蒂娜一杯咖啡，虽然克里斯蒂娜拒绝了，她还是买了架子里的那种咖啡品牌，就是促销员给她的那种。所以说，当礼物不被接受时，甚至当它们看起来微薄到让人有意识地认为它们不值一提时，它们也还会发挥作用。

广告赠品也因这个理由而存在，一支便宜的圆珠笔就能产生出乎意料的影响。其中的狡诈之处在于：我们感受到了那种内心的渴望，给予对方比我们所得多得多的回馈。

在罗伯特·B. 西奥迪尼（Robert B. Cialdini）所做的一项实验中，大学生们被要求在电影散场后售卖彩票，结果成绩平平无奇，他们零零散散地卖出了几张彩票，就没有更多了。

但是之后，这些“彩票小贩”又被派去看电影。其间，他们外出给自己和邻座各自买了一杯可乐，且事先并没有询问对方。在电影结束后，他们首先向邻座出售他们的彩票。结果当时的那些邻座最多买了15张1美元的彩票，而可乐的价值只占其中的一小部分。

关于我们的内心深处，塑料容器厂商知道些什么

特百惠理家会也对社会责任的这种作用机制深信不疑。在那里，人们被邀请享用咖啡和糕点。大家舒舒服服地和别人坐在一起，在脑海中的某处，他们是知道的：在这儿组织此事、作为主人付出如此努力的那个女性朋友，将拿到所有卖出的容器的回扣。但未经深思，到最后，每人至少会买一个小容器，也可能是两个。其价格超出人们得到的那块糕点或是那杯咖啡许多倍。

而且，这个过程中不存在任何的匿名，这也是购买的社会责任感上升的原因。毕竟大家彼此认识，那些总是享用免费咖啡和糕点却什么都不买的人，有可能会惹来“叫花子”的坏名声，这当然是人们无论如何都要避免的。特百惠理家会主要在农村地区举办，这里每个人都互相认识，正是这样的地方会比较危险。

有趣的是：仅仅在假设中，社会控制就已经起作用了，它只发生于我们的脑海。社会学家中，研究社会结构运作依据哪些潜意识规则的系统理论家把这种机制称为“预期的期待”：我们预期，其他人对我们有特定的期待，我们便做出相应的举动。这种提前的行为巩固了社会体系，比如特百惠理家

会这种“体系”。由此，特百惠品牌成为世界市场上的行业领头羊。

“个人”推荐的力量

那些上门推销员也经常采用一些心理策略。

以吸尘器代理为例，他们喜欢造访多户住宅，随便按某一家的门铃，询问对方是否对吸尘器感兴趣。假如得到的是否定的答案，他们也依然保持礼貌，不去纠缠不休，而是问：“您能想到住在这里的哪一家可能会买一个新的吸尘器吗？”如果之后对方说：“哦，住在二楼的米勒太太可能需要。”那么这个推销员就会去二楼。在那儿，他按响门铃，对米勒太太说道：“我刚从三楼的施密茨先生那里过来。我给他介绍了这个机器，他让我来找你，因为他觉得你可能会感兴趣。”他这么说并没有完全撒谎，但是也没有完全说出真相。无论如何，他带来了一种社交压力。他暗示，施密茨先生给了米勒太太一条建议。建议和礼物密切相关，人们很难做到拒绝它且不显得对给予者粗暴无礼。米勒太太不想直接把推销员打发走，她不想让那位友善的施密茨先生难堪。此外，也许她觉得施密茨先生精通技术，并信任他的推荐。比起施密茨先生，米勒太太距离购买吸尘器近了一大步。

一般情况下，我们更信任其他人也评价高的那些商品，特别是在选择技术设备时，应该选择尽可能多的人觉得好的那一款。全世界有数百万人使用苹果手机，这暗示着：选它不会出错，否则的话就不会有那么多人用。假如此外我们还从某个信任的人那里得到了推荐，那么这就是一种礼物：它使相关产品从洪水般的无数供应中脱颖而出，有时这已足够引发人们的购物冲动。

赠舒适感者，得丰厚回报

也许你自己有一家商店，或者有时你在跳蚤市场上卖一些东西，那么你将会从这些建议中获益。请你就像阿姆斯特丹的那家女性时装店一样做生意吧，那是一个熟人给我讲的经历。在其他的商店里，同行的男士们无所事事地站在一旁，就像该区域的一个干扰因素。相反，刚才提到的那家店铺设置了一个舒适的休息角，还提供杂志和饼干，所有顾客和她们的同伴都可以得到免费提供的咖啡。那时我的那个熟人放松地喝着咖啡，而他的太太则在一件接一件地试衣服。在家庭中，他是赚钱的那个，因为他太太自己照顾所有的孩子。当他太太拿着三件时装从更衣室里走出来，无法做出抉择时，你觉得他会怎么说呢？“现在我们终于能走了吗？”还是“宝贝，干脆都买了吧！”

注意，这里不仅是礼物原则在发挥作用。在一项研究中，美国的研究者们发现，拥有温暖双手的人——这个温暖源自一杯咖啡——会表现得更加宽容和慷慨。当我们感觉舒适时，我们会想把这种感觉传递出去。

为了公益事业而筹款的人也利用了这条原则。大家可以通过几种方式进行试验。你可以同某人攀谈，对他说："你能给那些贫困的人捐2欧元吗？"你将收获的是大多数人都会摇头拒绝。但是如果你先问道："你最近怎么样？"而回答是"好"，那么你成功的概率就要大很多。因为你提醒人们想到了他们自己的舒适状态。请你接下来这样说："那你大概愿意帮助那些目前过得不像你这么好的人。"这里，我们面临的又是启动效应。这样的对话原本并没有问到钱的事情，而是暗示你自发地想要捐钱，因为你过得这样舒适。如此，成功的概率可比第一种方式高出一倍。

当然，在你自己的商店里或是在跳蚤市场上，你不能请求别人捐赠。但是如果你提高了对方的舒适感，那你将会从中获得好处。所以，请你下一次带去一大壶香喷喷的咖啡和一些杯子，询问你潜在的顾客们的近况，准备好一罐自己烤的小饼干，向那些逛你摊位的人提供咖啡和饼干。我向你保证，你不只卖出的比从前多得多，你还无须像跳蚤市场上常见的那样，以过于低廉的价格抛售你的商品。人们很少会比处在收到礼物后的"回馈模式"中时还要慷慨。

要是你的顾客显得不确定、害羞，请你不要催他，让他明白，他有的是时间。为了达到这个目的，你也可以给他讲个小故事。我的邻居中有一位是小杂货铺的店主，他喜欢讲一桩趣闻供大家开怀。没有哪个故事比这桩趣闻更适合进行暗示了。他面带微笑，谈及他的祖父，他的祖父也是小贩，走街串巷售卖铁器。祖父那时就总是说，把脚挤进顾客的门里是毫无意义的。相反，他总是退后一步，等待顾客的邀请。因为只有这样，顾客和销售才能做一笔好生意：怀着对彼此的尊敬和重视。

请你相信：如果你给潜在的顾客讲了一个类似这样的故事，那么他对你的尊重将会提升100%，因为你以此发出了正直和值得信任的暗示。此外，当你向他做出推荐时，你的顾客将会信任你。这就已经成功售出了一半。

零钱预言

这个小预言非常适合用来体验赠送的力量，并即刻把微笑变到其他人的脸上。你可以请求对方想一个心愿。然后，他或她要掏出自己的钱包，把所有零钱都放在桌子上，现在，他得数清硬币的个数。

如果出现了一个偶数，那么愿望不久就会实现；如果是一个奇数，那么愿望的实现还要花一些时间。假如奇数出现了，那么请你准备好一枚幸运硬币，它能使奇数马上变成偶数。所以，对方无论如何都会赢！

Chapter **06** >>>

仪式的力量：如何在必要时操纵足球俱乐部，发挥洪荒之力，消除邪恶目光的力量

人们在天主教堂做弥撒时，必须要跪在一根如地狱般不舒适的木梁上，它使每一个下跪的人都疼痛不已，你知道为什么要这样吗？

这个细节的意义相当简单。在数百年前，教会的高层就已经认识到了人类心理的一个重要机制：当我们不得不承受不适或痛苦以达到渴望的目标时——例如上天堂或者只想成为德高望重的教民——那么我们就会一直捍卫此事。我们的牺牲不应是徒劳无功的。比起得来毫不费功夫的东西，放弃我们一直为之努力的东西要难得多。此外，这也是许多宗教存在献祭仪式或规定禁食期的原因——比如基督教复活节前的封斋节，犹太教赎罪日等大斋期，或是伊斯兰教的斋月。

在几乎所有宗教中，从前人们都论及长子女，这些子女有较高的社会地位。这和许多情况有关，比如说，父母有了第一个孩子，就大致满足了生育继承人的社会期望。

但是我想，这种特别的尊重和在教堂里祈祷时所跪的不舒服的木梁一样，其背后还隐藏着相同的机制。连今天的父母们都知道：对第一个孩子要牺牲最多。对待最先出生的这个孩子，父母们还没有什么经验，他们把所有精力都投入到了这个小婴儿身上。他们牺牲了自由、睡眠、金钱和精神。但是他们不会想："该死，我为什么要自讨苦吃？"而是会更加重视这个孩子。这是心理的直接要求——我们为之奔波的事情应该也是十分值得的。为我们认为值得的事情做出牺牲对我们来说要更加容易接受。因为父母没法从"孩子"这间牢房里逃离出来，也没法让自己避免牺牲，所以孩子的价值就必须被尽可能地抬高。只有那样，我们的心理才能再次实现平衡。相反，后出生的孩子常常就是"陪跑"。他们可以被哥哥姐姐们一同照料，穿旧衣服，玩大孩子们的玩具。特别是压力也不再那么大了，因为父母已经心里有数。即便后出生的孩子肯定也一样被爱，在我们如今的文化里，某种层面上依然存在对第一个孩子的特殊情结。

"有牺牲才有价值"原则

有些情况下，通过所做的牺牲而获得特别的重视这一心理原则会成为极端的工具。在美国的某些大学里，每年都在某一天举行大学生联合会的加入仪式，一年一次。这一天可能会发生极其糟糕的事情。美国耶鲁大学的大学生联合会“骷髅和骸骨”等就是如此。传言说，想要加入的大学生要接受其他十五个学生的同时殴打，或者他们得喝下屎尿，或者在屋顶上保持平衡。反正要么是忍受残暴的虐待，要么是做恶心或危险的事情。

社会学家和心理学家对此提出了两个问题。第一，为什么人们会自愿承受这样的加入仪式？第二，一旦有新生想要加入时，这些历经磨难的老生们为什么不说：我不动手打人，因为我很清楚这会带来什么样的痛苦。

可惜，人类的心理活动并非如此。恰恰相反，因为成员本身经历了痛苦才得以加入组织，所以他现在尤其为组织感到自豪。毕竟，“它”必须得是值得的。此外，作为成员，他预感到，正是这种把他和组织如此紧密相连的仪式也将对新人发挥同样作用，这比让新人填一张简单的成员表要管用得多。一场艰难的入会仪式赋予了这段历史高级和精英的特征：乌拉，我做到了！这是歃血为盟的一种形式。

但是，由于在大学生新入会的这一天经常有人受伤，高校的负责人试图与大学生联合会对话。不管是否可行，他们还是请求以体育竞赛的结果来决定是否可以加入，但没有一个联合会愿意冒着风险这么干，那里的人很清楚他们在做什么。

也许是出于相似的原因，人们也常常不肯脱离剥削性的甚至是暴力性的关系。那位一丝不苟的会计——也就是人们的心理，正等待着数年来所做牺牲能换取的奖赏。由于酬劳还未出现，人们会无限期地等下去，而不去重新开始。之后，人们不得不承认，全部的时间和所有的痛苦都是徒劳的投资。

献祭仪式之“规定饮食”

然而，不仅仅大学生联合会或者教会会利用这种令人痛苦的仪式，尽管有些类型的仪式乍一看完全不同于上述那些。最近，我在电视上看到关于代谢平衡这种饮食方式的一些内容。在这个过程中，人们要先进行血液分析，由此按照一套神秘的程序制定出一种饮食类型。继而，这种饮食类型又指出，人们必须吃什么食物才能保持苗条、健康而且精力充沛。病人会得到一张食物清单，他应该即刻实施这种饮食，而其他食物则是被禁止的。相当多的营养学家认为这套方案明显是在胡说八道。尽管如此，还是有不少人愿意使用规定饮食方案。这是怎么回事呢？我认为，这种做法起作用的基础正是“骷髅和骸骨”联合会的人也在使用的那种古老的心理学策略：首先，这个人必须有所牺牲。他在抽血时感到了疼痛，他献出了自己的生命之汁。就像大学生联合会的加入仪式一样：人们首先承受痛苦，然后才能成为其中一员——并且对其有所期待。痛苦、当然还有人们为此支付的可观款项把他们和这份代谢平衡方案绑到了一起：我为之做出牺牲的事情，肯定是有价值的。再者，这份代谢平衡饮食方案不是随便某个人给的，而是由医生或者至少是有执照的专业人员研制的。一般设想是：他们懂得自己在做什么。

你看，这个事情上，很多非常有效的暗示在发挥作用。如果我们现在也还期望能减肥，那么很有可能我们也会这么做。但是，这大概和血液构成毫不相干，根本就是更加健康的饮食在起作用。

假如这个方案没有效果，那么许多规定饮食的提供者们乐意用下面这个句子来推卸责任：你一定要相当精确地执行该方案。此外，负责人还会以他们擅长此事来进行暗示，并巩固他们的权威。但是，总会存在这样的时刻：人们并未100%遵循规定方案。生活就是这样，不可能精确到一根头发丝，而负责人们已经借此渡过了难关。

幸福仪式：用白豆捕捉幸福

请你在右边的裤子口袋里装上许多白色的小豆子。在一天之中，每当你感到幸福时——遇到了一位老朋友，听到了一个美好的故事，太阳出来了，茶的味道特别好——请你从右边的裤袋里掏出来一颗小白豆，把它放到左边。晚上，根据左边裤袋里白豆的数量，你可以了解到这一天你与幸福相遇的频率。

仪式按下了我们潜意识的收录键

豆子仪式表明：仪式不一定非得和痛苦、牺牲或者麻烦联系在一起才能发挥作用。但是，它们可以通过特定的行为（把豆子从一个裤袋挪到另一个）使我们的注意力转移到特定的事情上（我们的幸福感）。

比如，在教堂里，焚香是净化的象征。仪式使其代表的东西牢牢扎根于我们的潜意识。仪式化，即始终一致的情节发展和感官印象（例如燃香的气味）能引起我们脑中额外的神经关联，它们和仪式中所传达的暗示（例如你的罪孽被涤清）一并被存储起来。

此外，仪式化使三心二意逐渐消失。如此这般专心致志的放松是一种催眠状态，对信仰体系大开方便之门。在一场从头到尾完完整整的弥撒仪式框架内，牧师穿着特定的法衣，用特定的预言，以特定的方式布道，要比他穿着牛仔裤、T恤衫，在教区茶话会上宣讲同样的内容更能直抵人心。从某种意义上讲，通过这种仪式，参与者身上的“注意收录”按键被触发。仪式使它所象征的内容牢牢生根。

在我们这个地区，基督教正在失去越来越多的信徒，这肯定也与此有关：和信仰相连的仪式主要在教堂里进行，并不渗透到我们的日常生活中，不去教堂的人很快就丧失了这种联系。伊斯兰教的情况就不一样。伊斯兰教对人们生活和文化的融入要深入得多，特定的仪式必须每天或是很频繁地被执行，由此对人们与宗教的关联产生暗示性的促进作用。所以，穆斯林每天必须多次向某个方向鞠躬，这是他们从小就持续进行的重复。通过这种方式，信仰维持存在。它存活下来，和行动联系在一起。一种宗教越是仪式化，就越是稳定。

我在训练课上或是在舞台上所表演的公开催眠，也同样受益于仪式的效应。始终相似的情节发展被人们和催眠联系到一起。这种学习过程使得对某个人进行催眠一次比一次更加简单。在接收到特定的命令时，大脑已经知道：喔，现在又要催眠了！

“奇迹”为何会发生

同样重要的是，仪式本身增强了对仪式有效性的信心。也就是说，我们的批判性意识总想准确地了解某事为何发生，仪式会告知它原因：这件事之所以被做，是为了那件事发生。如果效应“就是这样”出现了，而没有显而易见的“原因”，那么我们就很难接受它。我们需要“原因”，以便暗示能够发挥作用。如果暗示看上去可以被感知到，那么这又会反过来巩固对仪式的信心：这是一种循环。

假设这样一种情况：某人相信奇迹式治愈，他向一位治疗师咨询。那么，这位治疗师可能会说类似这样的话：“你的一切疾病都将从你那里拿走……”然后，他戴着一顶羽冠，意味深长地来回奔走，也许还做出一些其他的神秘举动。由此，病人产生的感觉是：喔，这个人在做一些事情，好使我恢复健康。这通常使得病人马上感到好转。

也许你觉得这个治疗师和羽冠的例子很可笑。但是，我是有意选择的它，因为萨满也能和西方的治疗师或医生一样，为我们达到相同的效果。但是，对此我们必须接受的是，他是以某些不可解释的东西、一些更高的力量为依据的。这或许会让我们当中的许多人觉得很难接受，因为我们并非传统地相信宗教，而是把感情投入到了科学认知中，西方世界的现代信仰就是科学。由此，“信仰可以移山”这句古老的圣经箴言又获得了新的意义，它已经超越了宗教。

长期以来，科学一直抵制口头或书面话语具有力量这个事实。不过，自从人们找出了有力的证据，表明事实就是如此，我们便又回归了相应的技术和仪式。但这是在另一个层面上。20年后，我们又像古老的巫师一般使用咒语和仪式，这也是有可能的。然而到那时，不再是出于对其他力量的信仰，而是因为科学向我们证实了有效性。

用硬币重新开始

这是第一代美国移民的一个仪式。如果你也像那些人一样，想要重新开始，与过去一笔勾销，那么请你拿出一枚硬币。请你对着这枚硬币轻声诉说你想摆脱的一切，在你说完以后，请把它扔到你的背后。重要的是：你不能转身，在这个过程中也不能有人旁观。

对足球俱乐部进行集体催眠

几年以前，我最喜欢的门兴格拉德巴赫足球俱乐部处于表面上失利的形势中，这支球队位于积分榜的最后，面临被降级的危险。而我预言它将会战胜积分榜的第一名——汉堡体育俱乐部。直到那个时候，我已经真正意识到了仪式的力量和它的催眠效果。

其实，整个故事最初只是一个疏忽：在“下一位尤里·盖勒”这个节目上，主持人——同样是门兴格拉德巴赫粉丝的马蒂亚斯·奥普登霍维尔（Matthias Opdenhövel）在进行读心测试时通过心灵感应的方式问我，该俱乐部是否会赢得下一场比赛。之后，我以自发想到的答案回答了他的问题。可能只是因为这是我所期望的，于是我未经思索便宣布：“下一场比赛俱乐部会赢。”我刚一说出这句话，马上就感到面红耳赤。刚刚我说了什么？虽然我证明了自己能读出马蒂亚斯的想法，这也正是这个练习的意义。但是，我也顺便做出了一个十分疯狂的预言，并且还在彩色电视上、在数百万观众的面前直播。

没人把我自负的“预言”当真——这个渺茫的希望很快就

被扼杀在了萌芽。但世界震惊了，在成千上万个粉丝于网络论坛上提出要求以后，门兴格拉德巴赫足球俱乐部给我打电话，邀请我观看比赛。在大街上，该协会的粉丝们兴高采烈地向我冲过来，就好像我是足球救世主一样。我很清楚：我是没法再从这间牢房里脱身了。我知道，假如我不想去相信我的运气，相信我会碰巧蒙对的话（运气可不是我的同伙，要知道，在过去的一段时间，门兴格拉德巴赫足球俱乐部一场接一场地输掉了比赛），那么我只有一个机会……

这个机会就是：催眠。

不过，当然不是我平时在舞台上进行的那种催眠。这必须是一种十分特殊的变体，因为我肯定得一下子催眠整个球队。我不想长时间对你卖关子，假如你已经读过了我的第一本书《我知道你的秘密》，那么你肯定已经知道了这事儿是如何结束的：球队赢了。不同于所有预期，门兴格拉德巴赫足球俱乐部以不可思议的4：1的比分赢得了比赛——这是发生在他们狠狠输掉了之前的所有比赛之后。

我是怎么做到的？好吧，我仔细思考了要做的事情。我简单地考虑过一些萨满仪式，就像非洲常见的那些一样。但是，之后我又放弃了这么做——门兴格拉德巴赫不是那片非洲大陆。相反，在比赛之前，我扮上“神奇的”舞台行头——黑礼服和手制的手杖，后者在必要时也能看起来像一根魔杖——在门兴格拉德巴赫粉丝们的欢呼声中走上草地，以鼓舞人心的隆重致辞强化我的预言，而它本来只是一个模糊的感觉。

“我为你们把我的幸运带进了体育场，把它传递给你们。我把它作为礼物送给你们，好使你们球队赢得比赛。”我信誓旦旦地说道。之后，我还在给粉丝的致辞中补充道：“你们要把你们所有的力量团结起来，发送到球场上，支持你们的球队，这很重要。”这样我就做完了。这些就是全部，除此以外我什么都没有做。我没有询问一个夸张的水晶球，没有像哈利·波特一样准备好一句能使球队战无不胜的咒语。但是，“我的”球队赢了。

这是怎么发生的呢？事后，不仅对自身表现感到惊讶的球员们询问我其中的奥秘。我父亲曾坐在我身旁的看台上，在一度出现了1：1这样令人不太抱希望的比分之后，他于中场休息时对我发出了一句衷心的耳语：“你失去他们了。”现在，就连他也想知道，我是如何做到的。答案相当简单：我向这些普鲁士人的潜意识灌输了一条起到催眠作用的信息：“我们，门兴格拉德巴赫俱乐部的11个人，今天将会赢！不管发生什么事情！”反之，我也通过同样的行为，给对方球队的潜意识捎上了一大份自我怀疑。这种令人揪心的想法是：“如果这个骗人的疯子说对了的话怎么办呢？该死的，他看起来对他所说的事情相当确定……”

这个世界上所有的教练都知道，达到一定的训练水平后，大部分顶尖的足球运动员或多或少都是可以相互替换的。不过，这只适用于身体层面。使人有所超越的一切都只和头脑有关，脑海里运转的事情使得足球运动员格外出色。

我在简短的致辞中所使用的暗示极其有效，并且也是“隐秘催眠”的形式之一。称其隐秘，是因为足球运动员们没有注意到，他们似乎被催眠了，因为他们并未处在恍惚状态之中，而实际上效果和传统催眠是一样的。

在某些情况下，人们甚至无须说话。比如在我的表演中有这样一个节目，我总是邀请四位尽可能娇小的女观众到舞台上来，她们每个人都要用两根手指尖举高一把椅子，而椅子上还坐着一位重量级男士。一开始，这绝不会成功，不管所有的参与者是如何的努力。之后，我站到女士们面前，在她们身体前面做了一个自下而上的手势——我拉上了“能量拉链”。此时，我保持沉默，但是我行为的意义在非语言状态下依然清晰：当我拉上了想象中的拉链，就不再有能量能够漏出，女士们可以无限制地使用它。相反，我从上往下把那位体重很大的男士的能量拉链拉开了。这个行为的非语言暗示是：这位重量级男士的能量受到重力的吸引，逃逸出去了——他变轻了。接着，我要求女士们再试一次，瞧吧：起作用了！她们毫不费力地把这个沉重的家伙举到了头顶上，自己也目瞪口呆。其后，当我用一个手势把能量从她们的身体里放出来，又让这位男士重新“变得很沉”，她们又变得无法完成这个动作。

激发你的洪荒之力

我告诉你一个秘密：每一个身体健康的人都有能力完成这样的特技。这不是什么巫术，为此也根本不需要什么魔术师。但是，我们的系统I认定情况并非如此，所以我们需要一个合理的证明，以使这种表面上的不可能变成可能。这样，像我一样的某人就可以帮上大忙——作为魔法方面的专家。我做“有魔力”的打扮，担负起安慰剂效应中归医生所有的那个角色（你马上就会读到更多的相关内容）。假如某人具备使此事变为可能的能力，当他在场，散发并传递出这种能力时，我们的意识就能更容易地向潜意识发出“去吧！”的指令。优秀的体育教练正是这么做的，他们以诸如“还有好事儿呢，姜戈！”这样的暗示激发出运动员的一切潜力。

其实，人们只需要相信（主观想象中）不可能的事情，并把力量集中于此就可以了。我只是通过小小的能量暗示，帮助人们形成这种聚焦，这种完全的专心致志。但是，人们也可以自己做到这一点。大家要做的只是想象正确的东西，并对此坚信不疑。

我曾与少林寺僧人们一起上了一档电视节目，他们能够用脖子折断极其尖锐的竹矛。他们以冥想的方式集中注意力，以避免自己受伤。空手道高手们进行著名的手刀练习时，所做的也无非如此：除了使用某种技巧以外，这些运动员借助于某些呼吸练习，想象他们是如何使力气和能量集中于手侧的。只有这样，才有可能做出击碎木板和砖块的暴力击打，单凭技巧是无法成功的。在合气道中，人们也使用暗示。比如他们会设想，水流穿过手臂，使其坚硬而不可摧折。至于是否与现实相符，这一点儿都不重要，只要我们怀有这样生动的想象就足够了。其效果是惊人的。反过来，一个三心二意的斗士也许像奥普利克斯（Obelix）一样强壮，但是尽管如此，在尝试用手侧劈木板时，他更有可能获得一块巨大的瘀伤而非成功。专心致志且目标明确的设想就是自我催眠的一种形式，它对我们的身体有直接的影响。

我们的思想会直接影响我们的身体

“大师，请问怎么做才能学会剑术？”

“必须专注。”

“只是这样就行吗？”

“不，必须专注又专注。”

“没别的了？”

“不，必须专注、专注又专注。如果你能用这种方式观察你存在的每一瞬，那么你就会为在自己身上发现的最微小的错误而喜悦。”

爱因斯坦说过，想象力比知识更加重要，确实如此。

所有的想法都会带来身体的反应，我们的预期有实现的趋势。是亲身经历了某些真实，还是“只是”在想象，我们的潜意识无法就此进行辨别。比如，当我们做噩梦时，我们会真的流汗。令人激动的想法会使人分泌肾上腺素，血压上升，每一个积极的暗示也会对身体产生积极的影响。相反，如果身体遭受破坏性暗示的时间足够长，那么它也会被摧毁：气质忧郁的人可能最后会证明自己猜对了，他真的把病想出来了。

毋庸置疑，思想是被力量包围的真实存在，每一个想法都有等值的身体反应。除了催眠以外，读心是我的第二热情所在。在读心时，我利用所谓的卡朋特效应。19世纪末，英国博物学家、医生威廉·本杰明·卡朋特（William Benjamin Carpenter）首次对这种效应进行了描述。他证明，想象会激活对应肌肉的动作。其间，许多新的实验证实了这一点。只有通过对运动进行积极而深入的想象，受伤的运动员才能增强他们肌肉的力量，就像他们真的做了运动一样。就连技巧也能通过这种方式得到改进。想象一下，比如在足球比赛中，这种预激活使一个或一些球员的速度快了几分之一秒，而这几分之一秒决定了是赢还是输，是进球还是丢球——这可并非什么伟大的壮举。我们重新回到门兴格拉德巴赫俱乐部的这个事情上来：我的小咒语为那些年轻人注入了大量自信，使他们的潜意识为了预言成真而全力以赴，极端的力量被激发出来。球员们的感官和肌肉处于最高的战术准备状态。下半场时，那些普鲁士人在球场上“施魔法变出来”的东西，影响了所有的观众，特别是也影响了越来越气馁的对手，这就像一次小小的奇迹，一场魔法。事实也正与此有关。不过，这场魔法并不涉及超自然现象。使普鲁士人赢得比赛的魔力隐藏在我们每个人身上，它只是在等待被唤醒的那一刻。我们所有人都有能力创造奇迹，而且不只以此赢得体育比赛或帮助他人成为赢家。借助这种魔力，我们可以施魔法于生活的全部领域以及所有人。

·*提升体育成绩的暗示（3号脚本）*

请你常常在放松的状态下把以下暗示读完，或是读其中的部分。譬如每晚临睡前，或是早晨睡醒后。和所有脚本一样，你也可以把它用作催眠状态下的暗示（其原理我稍后会进行阐释）。

从现在开始的每一天，你将把注意力集中于你的成绩，为此你发挥了全部的天赋，你精力充沛、乐在其中。

你将怀着全部的精力、完全的喜悦和最大的快乐迎接新的挑战，战胜它们，不差毫厘。

随着你迈出的每一步，你胜利的意志愈发坚定。

你期待每一场新的比赛，你早就满腔欢喜，成竹在胸，了解自己的能力，而且目标明确，知道如何使用它们。你是完全自由的。

随着一场又一场比赛，一次又一次训练，你的潜力在拓展。你越来越欢喜，越来越充满能量。

不管最后的结果如何，你从每一场比赛中学到一些东西。

你的经验更加丰富，能力更强，以这种状态投入下一场比赛。

你接受每一次结局，把这当作奖赏和表彰。你从每一场比赛中收获满意、满足和智慧。在每一次准备阶段，这些知识都会对你有所帮助，让你发挥出该项目的最好成绩。

在每一场比赛之前，每一场比赛之后，你的睡眠都完全放松，帮你恢复体力。在睡眠中，你做了所有必要的事情，以便完美地准备好下一场比赛。每一场比赛都让你感觉到进步，以及作为运动员的骄傲。你的战略思想和你的天赋协调统一，引导你的身体。

在每一场比赛中，每一次训练中，每一种关于体育的想法中，你的身体和你的心灵充满了尊重、专注、满足、宁静、喜悦和能量。面对每一场比赛，你都敢于让自己赢。

Chapter 07 >>>

安慰剂、反安慰剂和催眠：我们大脑药房中威力巨大的药物

因为相信它会有效，仪式便确实变得有效——这种情况的形成机制也曾让美国医生亨利·K. 毕阙（Henry K. Beecher）迷惑不解。第二次世界大战时，他曾参与照料受伤的士兵，而吗啡已经耗尽了。为了使伤员不觉得自己被弃之不顾，他和护士们多日以盐水代替吗啡给伤员们注射。这些和针剂注射的相关行为与以往完全一致——从心理学角度来看，这就是一场仪式，与某种特定的期望相关联。看吧，伤员们完全没有因为缺乏效果而感觉自己受到了欺骗。事实正相反，疼痛真的消失了：安慰剂的效果显示了出来。

虽然人们观察到了类似这样的事实，但是在相当长的一段时期内，对此的设想是，安慰剂效应的依据是想象，对身体并没有真实可测的效果。现在人们知道，这种想法是错的。最近，神经心理学家法布里奇奥·贝内德蒂（Fabrizio

Benedetti）对安慰剂效应进行了研究。借助最小的感应电极，他发现，满足病人的期望——在受伤士兵的例子里，就是“针剂会帮助我”的暗示——可以激活大脑中的奖赏中心。在那里，在伏隔核中，作为脑内信息传递者的多巴胺被分泌出来。在化学方面，多巴胺和吗啡相近，也有产生快感和抑制疼痛的效果。所以，士兵们没发现盐水和吗啡的区别，这不是什么奇迹。这种积极的经验还会增强他们的期望，从而提高下一次治疗的效果。

由于和多巴胺分泌有直接的关联，这种安慰剂效应在疼痛发生时尤其容易被观察到。除此以外，它也常见于一些主要因多巴胺平衡紊乱而引起的病症，比如帕金森病。

不过，安慰剂的作用范围远不止如此。柏林夏利特医院的一位医生给我讲了下面的故事：

有一种类型的膝盖问题让医生困惑不解，因为其病因无论如何也确定不了。这时，有位医生想到了一个主意，把某个塑料零件装进膝关节。以此，他的治疗喜获巨大成功。然而事实是，他只是假装做了这个手术：表面上切开一个很小的伤口，比一道抓痕严重不了太多，而塑料零件根本没被用到。尽管如此，那些坚信自己已经接受手术的病人却不再被疼痛烦扰了。号称能移除肿瘤的奇迹治疗师也是使用了这一原则，他们手里拿的不是肿瘤，而是诸如血淋淋的牛舌之类的东西，病人相信自己得到了帮助——而肿瘤真的就消失了。

包括在传统的学院派治疗手段的框架内，安慰剂效应治愈的频率也无法被说清楚。我们的自愈力很强大——心灵可以创造奇迹。实验已经表明，分泌激素的腺体、免疫系统、心脏和血液循环对安慰剂的积极反应是可测的。同时，它产生的效果超过了多巴胺的分泌，通常符合人们对药物和取代安慰剂的治疗效果的期望。有趣的是，病人甚至感受到了某种药物预期的副作用。

研究者们也发现，比起小的药丸，大药丸的效果更佳；比起样子朴素而实惠的安慰剂，包装奢侈、特别是价格昂贵的安慰剂效果更佳。在这里，奏效的又是那些“骷髅和骸骨”联合会的成员也没法抗拒的暗示：我在某事上的投入越多，我就期望为此能获得更多，而我也真的获得了更多！

催眠和安慰剂效应

最早——在不知情的情况下——利用安慰剂效应产生显著效果的人中，有一位是德国医生弗兰茨·安东·梅斯默（Franz Anton Mesmer），他被视为现代催眠的鼻祖之一。18世纪，梅斯默在维也纳发明了以他命名的“梅斯默术”，其基础是假设在所有生物中都存在一种磁力，治疗的手段是在看起来很神秘的仪式中以手触摸、以手抚摩或是使用装着“磁力化的水”的容器。这样，因疾病而陷入失衡状态的能量就能重新回到正轨，如此也就达到了治疗效果。

在维也纳，年轻的梅斯默不仅被有地位的医生们嘲笑，更严重的是还遭受了他们的攻击，就像今天在传统医生与替代疗法的代表之间的斗争中经常可以见到的那样。一开始，梅斯默对病人进行免费的梅斯默术治疗，使病人不去光顾他的医生同行，并且他还完全平等地对待穷人和富人。当时，大部分疾病——也包括精神病——通用且被科学认可的医疗手段就是放血。梅斯默敢于对此提出批评：为什么医生敢给某个人放血，是因为此患者脑筋有问题吗？由此，他对当时的医学水平和同行的能力提出了质疑，也因此交不到朋友。

也许是为了逃离这种氛围，梅斯默搬到法国，在那里成立了所谓的和谐教团。参加该教团集会的是秘密的团体，名曰“和谐会”。在这些集会中，他的信徒们为其他人进行治疗，或是传授梅斯默术。其团体成员遍布整个法国，门庭若市。

尽管如此，梅斯默在此地仍然遭受非议。其中一位最尖锐的批评者就是本杰明·富兰克林（Benjamin Franklin），当时他以外交官的身份在巴黎工作。富兰克林认为，梅斯默的磁力理论就是无稽之谈。他也是1784年正式宣布梅斯默术无效的政府委员会成员之一。该委员会声称，既不存在磁力，也不存在梅斯默喜欢提到的“流体”（梅斯默认为这种看不见的“流体”是一种存在于所有人身上的能量——类似于中国的生命能量“气”或是印度的“普拉纳”），富兰克林还从逻辑角度批评梅斯默。但是，他本人面对这样的批评并没有表现出太大反应，因为他对他方法的科学性深信不疑，认为心灵治疗一无是处。磁力是否存在完全不重要，无论如何人们已经对帮助他们的磁力假设做出了反应。由此，梅斯默对所有催眠的核心进行了描述：以话语所做的暗示。此后，梅斯默的暗示方法发展成了今天的一些催眠技巧。

几年之后，一位詹姆斯·布雷德博士（Dr. James Braid）好奇地参加了一场会议，在这场会议上，瑞士人查尔斯·拉方丹（Charles Lafontaine）阐述了磁力理论。那时，梅斯默的磁力理论被诋毁为江湖骗术。爱惜羽毛的科学家和医生都尽可能地与其保持距离。尽管如此，磁力理论依然是一个吸引人的研究对象。为了能从科学角度中立地观察这一现象，布雷德使用“催眠”一词代替“梅斯默术”。早在数十年前，作家、梅斯默门徒艾蒂安·菲利克斯·德海宁·杜·库维勒（Etienne Félix d’Henin du Cuvillers）就已经第一次使用该词。由于病人们陷入了恍惚状态，这位法国人想到了古希腊睡神修普诺斯（Hypnos）。尽管催眠的概念有如此被证实的起源，关于这个主题我读过的几乎每一本书还是称詹姆斯·布雷德为该词的发明者。据说，他是在1843年的著作《神经催眠学》中首次使用该词描述这一特殊的过程。就此事来说，就连所标明的日期也不是完全准确的，因为早在一年以前，布雷德就在给某位休·麦克尼尔牧师（Reverend Hugh McNeile）的信中使用了“催眠睡眠”的概念，其目的是为自己辩护，因为有人指责他干了魔鬼般的坏事。但是无论如何，人们能够达成一致的是，布雷德使“催眠”一词在英国传播开来。

顺便一提，此后，布雷德又放弃了这个概念，因为他不想把催眠的过程和“睡眠”混为一谈。他更愿意说“绝对的固定和聚焦”，这也和催眠的现代观点一致。鉴于人们在催眠中只关注唯一的一件事情，后来他发明了“单一意念”（monoideism）这个——不只是对催眠过程来说——更合适的概念。这是一个由“mono”，即希腊语的“唯一”，以及“想法”构成的复合词，其意思是：集中精力于唯一一件事情。不过这个概念从未得到完全的认同。

这样，梅斯默术发展成了催眠术。和富兰克林一样，詹姆斯·布雷德也认为，这并不是梅斯默的“流体”在起作用，而是一种心理过程。他感觉到，话语会引发一些事情。布雷德也是第一个提及“暗示”的人，即未被当事人感知到的想象或情绪的操纵性影响。他认为，大部分影响是通过与病人的深入交谈以及病人对疗效的预期而产生的。顺便提一下，现代的安慰剂研究也证实了这一效果：和医生的交谈对安慰剂的效果产生决定性的促进作用。假如医生不对病人进行事先的暗示性谈话，那么所服用的安慰剂的效果要差得多。它是一位备受认可的专家所提出的大有希望的疗法，是最强烈的暗示之一。

安慰剂的阴暗面：反安慰剂和邪恶目光

这一预期也会产生负面作用。各种部落文化里都有巫医的存在，他们惩罚别人的方式是进行暗示："你现在快死了。"其中令人毛骨悚然的是：此事真的会发生。受惩罚的人遵从命令一头栽倒，死掉了。这就是所谓的反安慰剂效应。潜意识以身体为靶，安慰剂效应促进自愈力，而反安慰剂效应如同诅咒一般。不过，只有当它们把人纳入它们自己的信仰体系时，这两种效应才能发挥作用。谁不信萨满教，也就不会受它的影响；谁内心深处认为巫毒教是无稽之谈，也就不会被它波及。但是，如果你信奉幽灵主宰你的生活这种观点，现在又有一位神秘的祭司宣称："幽灵会杀死你。"那么这种想法就可能危及你的生命。身体的所有力量会下意识地瞄准这个目标，使阴森森的预言变成现实。人们还不能从细节上科学地解释，在这些事件中身体和大脑到底发生了什么。但反安慰剂效应同样存在，这是无可争议的。

有一次，演出之后一位女士前来找我，她坚信自己撞上了邪恶目光。一开始，我没法完全理解她的意思，因为她一直很激动地喋喋不休。但是慢慢地，我明白了所发生的事情。她声称自己来自巴西，那里有一个女巫用邪恶目光对她实施了诅咒，所以她感觉自己被厄运追随，特来请求我的帮助。在这种情况下，通常我什么都不做，因为我认为自己是交谈者而非治疗师。但是当时我自发地产生了一种灵感，因为我担心这位女士遭遇反安慰剂效应。可能发生的最坏的事情，就是一切依然如此，也就是说，我根本不会做错什么。

我把手伸向口袋，掏出了一直随身携带的摆锤。我对她说：“这事儿我想再检查一下。如果摆锤转向左边，你说的就是真的。那么你就是被邪恶目光盯上了。”我把摆锤在她面前举了一小会儿，然后它开始转向左侧。“确实如此，”我目光严肃地证实，“女巫诅咒了你。”用这种方式，我潜入了她早就存在的世界观和她目前的信仰体系，以此赢得了她的信任和巫师的地位。然后我宣布：“但是我知道一种仪式，可以解除诅咒。”我请她看着摆锤，同时喃喃自语一些神秘的咒语，做出各种手势。然后我说：“如果现在摆锤转向右边，那么它就带走了邪恶目光和你身上的负面能量。一旦它停止摆动，邪恶目光的力量就被消除了。”我又一次把摆锤举到空中。它开始转向右侧。过了一会儿，它停下来了。我收起摆锤，把它放进口袋，然后宣布：“现在我已经料理了此事。”

几周以后，我收到了一封邮件。这位女士激动地写道：“它起作用了，我不再倒霉了。非常感谢！”

如果我当时做出了别的反应，按照西方的逻辑对她解释：“现在不要再讲这些胡说八道的事情了。不存在什么邪恶目光。”那么这种成功就绝不可能，她回到家里依然还是相信自己被邪恶的目光盯上了。这对她来说就是真实情况。所以，我把她从她自己的信仰模式里接了出来，她相信：就是这个魔法解除了我身上的诅咒。

这里也“只是”涉及了暗示，但是，它们可能威力巨大。

Chapter 08 >>>

书写的魔力：用洗脑的方式启动改变，“点赞”也可能有危险

书写是一个有魔力的过程，它可以创造奇迹。倘若你给自己设立了一个目标，或者有某个愿望，那么你最好把它书面表达出来。书写使思想清晰可见，它迫使我们专注于自己的想法，把一件事情从思想的洪流中抽出来，抓牢它——这正是催眠的基础。在催眠中，首先要明确界定的也是何为目标。只有当我们了解了我们想要什么，才有可能实现它。

不过，写下来还有更多的好处。同时进行书写和阅读能双倍地巩固我们脑中的信息，而且非常持久。甚至当我们起初根本不相信我们所写的内容时，这种效果也会发生。

一项用美国士兵所做的实验证明了这一点。他们在朝鲜战争中身陷战俘营，被释放时，他们带着与参加战争时截然不同的观念回到家乡，这个观念就是共产主义。此外，还出现了大量的逃兵。在美国，人们十分惘然：这是怎么回事？

精神病医生罗伯特·杰伊·利夫顿（Robert Jay Lifton）和组织心理学家艾德佳·H. 沙因（Edgar H. Schein）在两项研究中发现，中国人采取了十分系统的措施对付这些美国士兵。在被俘之初，每个士兵都拿到了一张纸，他要在上面列举五条原因，说明他个人不喜欢美国的哪些方面。这听起来大致没什么坏处，但是在写的过程中，士兵们的意识已经发生了变化。他们突然把注意力转移到这个国家不那么美好的事情上，而他们在为这个国家冒着生命危险。这时，他们已经不太在意自己是被强迫列举的这一事实。

在这个事情的开端，我们面对的是启动效应，你在前面已经对此有所了解。士兵们对祖国的负面看法被启动了。然而这还不是全部，在写着五条原因的清单上，每一个士兵都必须署名。这样，他的这张纸就从私人的表态变成了公开的声明，变成一种合同。署名使潜意识负有责任，坚持按照所写行事。

中国人继续这一战术，他们一再地让那些年轻士兵写作文。完整的论战性文章被撰写出来，论述美国为何不是被赞美的国度。但是到此依然并未结束。接着，士兵们必须朗诵这些文章。中国人的聪明之处在于：比起人们只是想某件事情，写下来能使它得到更加深刻的强化。除此之外，人们在大声朗读时，还接通了一个其他的感官。这样，大脑中涉及该项内容的神经关联就变得更加牢固了。还有我已经提到过的重复，它也让某些事情看起来真实。即便人们开始时相信的是其反面。

此外，朗读让事情变得更加公开。由此，与朗读者行为一致的社交压力就产生了。

朗读的效果甚至还在继续：倘若有人朗读一篇别人所写的文章，其政治观点与他自己的不同，那么所有的听众依然会把这种政治观点和此人联系起来。这样，此人就让自己陷入了尴尬的境地，不得不接受他公开发表的观点。

署名策略

不过，操纵一个人并不需要做那么多事情。在美国，人们做了一个很有趣的实验，心理学家罗伯特·B·西奥迪尼在《说服的心理学》一书中对此进行了描述。在这个测试中，第一组测试者拜访了一些美国郊区的市民，所有这些市民都拥有一个带花园的漂亮小房子，他们把这称为自己的田产。测试者给这些人看一个文件夹，里面是印着照片的巨幅海报，还带有“注意马路交通！”的字样。接着，市民们被询问是否同意让这样一张能遮住半个房子的巨幅海报在他们的屋前小花园里搭上两周。所有人都拒绝了此事。

在第二组测试者那里，情况完全相反。两周之前，第二组测试者已经去拜访了这些人一次，向他们请求签名，事关“我们的城市应该更加安全”这一行动。大部分都签下了自己的名字。现在，测试者也请求这些人把那张巨幅海报搭在自己屋前的花园里。这时，很少有人拒绝。

以下就是事情的经过：经由第一次拜访，市民们从没有特殊态度的中立者变成了积极行动者——他们确实签下了自己的名字。此外，这也启动了他们关心马路交通安全的念头。在第一次和第二次拜访之间的两周里，“马路交通安全和我有关”的想法得到了沉入他们潜意识的机会。所有这一切的发生只是借助于一个非常简单的署名，它在一秒之内就可以被潦草地涂写在纸上。

你记得吗？我也利用了一个小小的签名，让超市实验里的那些人被有机商品所吸引。

每当我们公开发表意见时，这就会引发更加持续的行为，署名就是公开地决定要支持或反对某事。在此之后再更改决定是很难的，因为没有人想被看作“墙头草”。

脸书“点赞”按钮的后果

脸书上的“点赞”按钮有着和署名十分相似的效果。我点击一下，然后我所有的朋友都会看到：噢，扬是支持这个事情的。我们举个例子，扬支持取缔大规模的畜牧业。我自己也感觉全世界都看到了此事：扬·贝克尔支持取缔大规模的畜牧业。假如现在还有一个朋友说：“嗨，扬。我要去游行示威，一起来吧，你肯定也反对大规模的畜牧业。”那么这就给我施加了社交压力。起初，这只是一次微小的点赞。但是我觉得自己现在有责任坚持行动、同去游行示威。此外，我也觉得，我“真的”支持这个事情了。随着我的每一次表态，我的支持更坚定。

2011年5月，我第一次思考“点赞”按钮可能带来的后果。那时，我在读一些关于巴塞罗那游行示威的资料，它们是为了反对西班牙政府的债务政策而自发举行的。大学生们通过一个脸书小组相约碰头。在此过程中，一位年轻的男士被警方射伤。

突然，我想到了“快捷革命”这个词。革命发生于顷刻之间，诞生于一连串的点击。首先，信息雪崩式地向人们袭来，同一件事情被持续地重复。持续重复对人们潜意识的心理影响我早已解释过：人们认为这件事是真的，不管事实是否如此。他们遭遇了大众催眠。现在，他们的朋友也突然对政治声明进行转发评论了，并邀请他们加入小组。他们并没有仔细地检查根源，毕竟它来自他们信任的朋友，他们戳了“点赞”按钮。也许他们还邀请更多的人加入这个小组评论和转发政治声明，然后突然确定要去游行示威。他们之所以去了那里，是因为他们确实公开对此事进行了表态。突然间，他们站在那儿，有人向他们开枪……

给自己留出思考的时间

这一切发生的速度之快都让我们来不及去检查、去深思熟虑、去形成自己的意见，就不加批判地全盘接受别人的看法。“去迈出步伐”，这是我们大脑接受的指令，目的是消化信息。倘若这些事情被规避，其后果可能是危险的：极端的观念有可能被不假思索地传播，它们只会吸引我们的系统I——我们的情绪。网络变成了催化剂，我们的心理却没网络传播得那么快。这一点你要清楚：“点赞”按钮不是看起来那么无害。

请你了解这一点：给自己留出一些反应时间，只有当你已经形成了自己的观点时，才去点赞。

搜集一些可靠来源的背景信息，对此也是有好处的。不过，这样的话当然又有一块绊脚石等在那里了：什么是可靠的来源？无论如何，它绝不是谷歌的顶部搜索结果。最上面的相关项只是说明了结果的数量，而不关乎其质量。不，我们必须得付出努力，找到信息的根源，追溯链接和引用的出处。这里就对我们的系统II提出了要求。在杂乱的信息中过滤出正确和真实殊为不易，但是可以做到，通过练习还可以做得越来越好。著名报纸和杂志中的背景文章非常有帮助，虽然记者们也有可能摸索着掉进了陷阱，但是他们习惯过滤信息和揭示背景，这是他们的工作。

这样，你逐渐用许许多多的马赛克小石子拼出了自己的看法。然后，你有意识地点赞，或者有意识地不去点赞。

实现目标，先启动良好的意图

不过，此刻的美妙之处在于，我们也可以利用暗示的所有这些机制去帮助自己或是朋友。

请你向中国人学习：

如果你想实现一个目标，请先把它写下来。一定要手写，因为这样你就把写的行动和你的思想连接了起来，这样会给思想打上更深的烙印，因为我们也在用身体思考。请你找出几个原因，说明实现目标为什么美妙，并向你自己宣传你的目标。

如果你瘦下来五公斤，你会感觉如何？因为戒了烟所以能跑上十公里而不气喘吁吁吗？如果你用省下来的烟钱买了一辆新的山地车呢？读你所写，一遍又一遍，最好很大声。

下一步，你要公开你的目标。请你在脸书上宣布你的计划：进行环球旅行，报名参加法语课程，或是开始学习合气道。请你给你的朋友们写明信片——手写的效果更佳。这样，你就给你的潜意识编制了程序，此外也激发了自己的积极性。当然也会产生这样的效果：你周围的人都知道你的目标，也许他们会努力给你支持。不过，这只是一个开始的信号，现在你必须坚持下去。

利用暗示帮助他人也是有一定技巧的。如果我公开地，也就是在他知情的情况下，对某人进行催眠，那么先去创造顿悟时刻是相当重要的：譬如，我请求受试者像祈祷一样把双手交叉叠放。然后，他要把食指向两边伸开，让它们看起来像“V”。受试者看向食指之间的空隙，想象食指是两块相互吸引的磁铁。接下来，我暗示两块磁铁之间的吸力越来越强。当食指真的移向彼此时，我给出积极的反馈。我称赞对方，兴奋地说：“是的，就是这样，太棒了。”或是类似的话。

关于公开催眠的更多内容，以及你如何自己实施催眠，这些你将会在本书的第十三章学到。现在你只需要知道，我在这个过程中利用了身体的一项正常反应，它和手指磁铁的暗示完全没有关系：呈所描述的V形姿势的手指会自动地移向彼此（除非受试者主动抗拒）。但是，对被催眠方来说，这个时刻变成了顿悟时刻：事情果真如此！对你作为催眠师的能力的信任增强了。

我承认，这是一个小小的策略，是为之后的暗示做准备的策略。之后，由于信任感的增强，即便不采用策略，暗示也可以发挥作用。你还记得自证预言吗？

汉堡某家购物中心的一位推销员也依据相似的原则推销她贵得要命的抗皱霜。一个熟人给我讲了她的事情。她在从立体车库出来的路上，这位推销员拦住了她：“就一分钟，我想让你看点儿东西。”转眼之间，我的这位熟人就坐在了凳子上，推销员在她某只眼睛底下的几条干纹上涂了厚厚的一层“神奇面霜”。对美容略有研究的人都会知道：随便用哪种便宜的面霜这样厚厚地抹上一层，都会使任何一条皱纹在几分钟之内看上去不再那么明显。推销员正是充分利用了这一自然效果：她拿出一面镜子，把它举在我的熟人面前，说道：“太让人激动了！你看到左眼和右眼的区别了吗？”除了附和她以外，我的熟人没法说别的。接着，推销员更加机灵地继续说道：“我没有骗你。这种效果马上又会消失。”通过这种说法，她使自己显得特别可信，因为她证明了自己是说真话的那种人。不过，继而她就乘胜追击了：“但是，如果你买了我的面霜还每天使用的话，你可以让这种效果变得持久。这种面霜中添加了来自黑海的有效成分。”我这位熟人看穿了这个把戏，没有买价值120欧元的这种面霜。

虽然此时没有上当受骗确实明智，但是有时候，用这种方式骗过自己也是相当聪明的。比如说，节食的最佳开始就是去蒸桑拿，即使减下来的几公斤都是水分，人们也会获得一种快速的成功经历，变瘦的念头就被完全启动了。

通过成功经历获得顿悟时刻的另一种策略是，开始时不要把目标定得太高，也不要太低。最好是你需要付出一点努力，你的计划就可以被很好地实现。这是因为，你对自己要求过低，轻易就能实现；或者你对自己要求过高，在自己设置的困难面前恨不得咬碎一口钢牙，这都不能使你感受到成功的喜悦。但是，一个被成功克服的困难，不管它多么微小，都标志着：如果这件事可以做成，那么其他事也可以被做成。这就是当手指移向彼此时，在催眠准备阶段中顿悟时刻的奥秘。

Chapter 09 >>>

迈着小步能更快地走向目标：为何慢节奏会带来幸运，如何让你的挚爱自发地做你期望的事

生活是一场改变。为了持久地实现我们生活中的改变，我们必须小步前行。因为只有通过这样小的步子——也就是重复——人们自己想要改变的意识才会越来越强。在进行舞台催眠时，我通常迈着小步进行，目的是使对方放松，把他引入恍惚的状态。如果我第一步就说："唰，你被催眠了！"那么最多只能对那些极具催眠经验的人起效，这些人已经经历了好几次催眠，从而已经"学会了"。[1]

生活就是如此。

如果你想把一项良好的意图付诸实施，那么请你试着尽量在同一天就做一些符合该意图的事情。只是迈出一小步。

---

1 也有一种被称为"闪电催眠"的技巧。但是，为此我必须准确地识别并找出催眠能够成功的那一时刻。这要求多年的催眠师经验，换种说法就是：我已经迈出了许多小小的步子。

我们来举个例子，你计划开始慢跑。那么你无须马上就开始跑步，因为作为一个没受过训练的人，你可能跑上100米就气喘吁吁地瘫倒在地，再也不去尝试。你先去散步，这就足够了。第二天，你还这么做。如果你每天散步，坚持一个月，那么这种行为就会变得自动化。然后，你可以用轻松的小跑代替散步，二者交替进行。当你这样坚持一段时间以后，你就可以全程小跑了。再过不久，你的速度会更快，如此等等。通过重复，潜意识习惯了新的行为，就不再切换到抵制陌生事物的那一档。

另一个例子：假设你期望成为职业歌手。如果你现在首先去参加“德国寻找超级明星”这个节目，那么你就跳过了一个关键的阶段。即便你真的走到了最后一轮，你也并没有让自己“享受”坎坷的星途，而正是这个坎坷的星途，才能使你的潜意识熟悉“成为歌手”这个系统，使“你真的是歌手”这一信念扎根于你。为此你的表现也要像个歌手，你和你身体的每一个细胞都必须知道，你是歌手。这必须成为你的真实常态，这是你的潜意识通过所有自动的反应和行动所追求的状态。这是一种学习过程，为此你需要耐心和时间。事实上，“德国寻找超级明星”的许多获胜者在节目播出之后马上又会销声匿迹，就是因为他们没有使“成为歌手”融入自我意识之中。而获得持久成功的那些人通常在成名之前就已经很活跃了。

捷径常以僵局告终

让我们再次假设，你的目的是减肥。也许你被诱惑尝试一种捷径，这样的捷径可能是急速节食。不过，这么做的话，你帮不上自己什么忙，因为它绝不会取得长期的成功。吃一个星期白菜汤或是菠萝沙拉并不会改变你的饮食行为。在这种极端疗法结束之后，你很快又会回到原来的体重。由于溜溜球效应，你甚至可能很快就比节食前还要重。抽脂也不是根本的解决办法，它不仅价格昂贵，还有手术风险。科罗拉多大学医学院的一项新研究得出的结论是，在抽脂之后，脂肪会一再地积聚于身体的其他部位。不过，它们不再会回到被抽的位置，因为现在那里缺少脂肪细胞。取而代之的是，脂肪呈条状隆起，出现在一些特别部位，比如颈部或是脚部。这可不太美观。

所以，唯一的办法是长期的饮食调整。这样，就又回到了小步伐这个思路：潜意识也必须理解新的饮食行为。只有当你慢慢地朝着你的目标努力时，这个想法才会越来越根深蒂固。

真正能使这个通常来说很缓慢的过程缩短的唯一机会，叫作催眠：在某种程度上，它可以说是一个心理外科手术，把我们新期望的行为方式立即植入我们的潜意识。即便是此时，我也一再地让接受催眠者明白："下一周先去试着维持现状，做你目前为止做的事情。注意那些缓慢发生的小小改变，而不是激进地改变一切。"这样，我就解除了许多人的压力，假如他们想要让自己的生活发生180度转变的话。同时，我使注意力转向成功：那些微小的成功经历会有助于目标的实现。

我们不可回避那些小步伐。举例来说，慧俪轻体等机构的成功就是由许许多多小的一砖一瓦组成的。他们会为你的新生活方式持续提供材料，你获得了不少建议和方法，还有私人聚会。严格地说，就连慧俪轻体的聚会也是一场过程始终一致的常规仪式。至于仪式的影响，你当然已经学过了。除此以外，其他的参与者看到了你是如何减重的，即便你没有减重，他们也能看到——这就使人有了坚持到底的压力。而且，你还可以给见证者们讲你成功的故事。所有这些都是暗示，它们一而再再而三地确认新的饮食行为。此外，促成成功的还有你在开始时的虚拟签名：你成了会员。还有，你又做出了一项牺牲：每月付费。你必须为成功做些事情，通过这种方式，你尊重成功，成功也变得长久。所有这一切都阻止你回到“定点”，据说它决定了我们的体重。根据富有争议的定点理论，体重在基因上已经确定了。之所以有人这么认为，是因为在同样的能量摄入和同样的活动强度下，受试者增重或减重的程度不同。

不过，根据这个理论，长期的体重变化是不可能发生的，然而这样的例子不计其数。我想，定点是存在的，但是它并不是基因确定的。它存在于我们的头脑中，因此可以被改变。这个策略是：我们必须同我们的潜意识一起，适应更轻的新体重，也就是小步进行，慢慢地进行。否则，潜意识就会继续认为，我们“正常的”体重就是这么多的千克数，更瘦的自我只是一个意外。在这种情况下，潜意识在极端化结束之后就又会追求“正常化”：追求我们以前的饮食行为和习惯了的食物……之后会发生什么，你想象得到，或许还曾亲身经历过。

在个人经济状况方面，这样的思想定点也是存在的：如果我们习惯了某种账面情况，它就会一再地趋于这个水平，这也是一种暗示。尤其是自由职业者会被设定这样的程序：当他们的账面情况降到了一定水平以下，他们才会真正行动起来。我从自己身上了解到了这一点，倘若我觉得自己目前很宽裕，那么我就可能在咖啡馆里快乐地消磨时光。但是，如果账面金额降低到了某个水平以下，我很快就会变得极富创造力。

由于那些原本就很富有的人习惯了较高的账面水平，所以他们内心的警钟会更早敲响。几乎无须提及的是，我们很少意识到这些过程。但是，如果我们能成功地想象我们比真实情况更富有，那么这个定点就会发生改变。此后，我们的潜意识驱使我们提前做一些事情，以保证我们的账面处于较高水平。此外，我们的大脑也会有选择地定位我们的感知，使其以识别可能的收入来源为目标，它们会帮我们再去达到现在我们觉得正常的财务水平。《秘密》或类似书籍中的建议在生活中如果发挥了作用，隐藏在背后的缘由也是这些心理机制。不过，宇宙（很有可能）与此无关。

尽管如此，它仍然是一个美妙而俏皮的比喻。

以缓慢庆祝人生

在保罗·科埃略（Paulo Coelho）的《朝圣》一书中，该作者描写了一种仪式，即行进的速度被有意识地放缓，也许要走20分钟的路变成走一个小时。请你试验一下。首先将你的行进速度减半，你会吃惊的！这样，关注点就会发生变化，完全不同的事物将吸引你的注意。

孩童时期，我们还能自动地这么做。那时，我们相当仔细地观察一切，慢慢悠悠地，会突然着迷地看石头之间的蚂蚁爬来爬去。这样的细节能吸引孩子们好大一会儿。可惜的是，随着成长，这样的习惯通常就消失了。

我们忘记了，我们身体的活动和姿势会反作用于我们的心理。我们的身体有强烈的象征意义，身体代表理智，胳膊代表行动，腿代表我们在世界上的位置。假如我们观察那些第一次站立起来的孩子，就会发现他们脸上大大的笑容。他们第一次发现了自己的位置：一个人站在那儿，其他人就不能站。因此，走路也有巨大的象征意义。我们是步行还是开车走一条路，这是不同的。步行的人更了解这段路途。

我们可以十分言简意赅地表达这个意思：前行速度愈慢，理解就愈多。

当我和我的一位朋友被邀请参加斯德哥尔摩的一个大会时，我又重新理解了这一点。在会议的前一天晚上，我有一个报告，因此不得不在报告结束后再飞往斯德哥尔摩。相反，我的朋友坐着大巴从萨尔布吕肯提前出发，他乘坐渡轮到了丹麦，然后穿过厄勒海峡大桥抵达瑞典。

我们同时到了斯德哥尔摩，并在晚上碰了面。他依然十分快乐，如醉如痴："啊，这个美丽的国度、森林、湖泊。"与之相反，我所看到的只有机场。对我来说，只有城市发生了变化，我其实根本不知道我在哪儿。但是，他花了几天的时间来到这里，感受完全不同。

重要的不是风驰电掣地穿过世界。请你试着尽可能频繁地、有意识地庆祝和感知你的路途。然后你会更加了解这个世界，从而尽情享受人生。

嘘！不要驱赶老鼠

不过，所有这一切都需要你具备一项重要的品质：耐心。可惜，大部分人都不再掌握这门美丽的艺术。猫可以安静而耐心地在老鼠洞前等上几个小时，直到猎物现身。假如它性急地用爪子去抓，那它就再也抓不到什么了，因为老鼠会溜到洞穴最里面的角落。而这正是我们当中的大部分人所做的，形象地说：性急地抓来抓去。如果成功没有直接出现，我们就会付出双倍努力，精疲力竭，却从不去想着积聚力量。如果某事没有成功，就得马上有一个解决办法，如果没有，我们就会陷入惊慌失措之中。这尤其是因为，今天，所有愿望的可行性被一再地展示给我们：我们认为，只要我们足够坚信某事，特别努力，所期待的也就会出现，宇宙将会把它准备好。但我的观点是：有时，最好的策略是保持冷静，等待，直到暴风雨过去，直到时机变得有利，直到我们处于正确的状态。“等一等，喝杯茶”不只是一句格言，更是一句真理。请你不要误解我：我认为，很多事情由人们自己把握，很多，也许是大部分，但并不是全部。责任并不总是在我们，有时就是情况不利。在每一次混乱中盲目地急于行动，像堂吉诃德一样对着幻想的风车浪费气力，这样并非总是可取的。所以，对那些正身陷紧迫危机的朋友，生病或是在考试期间精疲力竭的朋友，我愿意送给他们一句话，一个神奇的伙伴，它可以一再地使他们振作起来。在这里，我也把它送给你：

请你拿出一张纸，把下面的话写下来：

这也终将过去！

然后，请你把这张纸折起来，把它放进你的钱包，放到你可以一直随身携带的任何地方。每当你觉得自己处在绝望的境地时，或是当你想要帮助一个你所爱的人时，请你展开这张纸，读这六个神奇的字：这也终将过去！

这句话是真正的咒语，因为它清楚地说明了生活就是改变。当我们确实过得很糟糕时：这只是一个阶段而已；当我们过得极好时，这个句子使我们脚踏实地；当我们马上就要翘起尾巴，觉得自己是世界之王时，这个句子提醒我们什么才是真正重要的。不是外在的成功、财富或是声望，而是这样的生活，现在。

幸福地学习

当人们想要学习新东西时，必须要给自己留有时间。此时，耐心也是最重要的品质。如果有人此前已经两次把球抛空，那么他就无法作为杂技演员站到舞台上。学习杂耍的人经常在从右往左传球时遇到困难，但是经过一段时间的练习，一再尝试之后，他们突然就可以站在那里，让三个球维持平衡！这种成功所带来的结果就是巨大的放松。有些事情一开始让我们觉得很难，但它们所要求的力量比我们想象中的要少得多。

同样的顿悟经历也存在于学习外语的过程中：从可怕的复

杂走向不可置信的简单。通过持续不断的重复，所学的东西在大脑中得到巩固。顺便提一下，最好是——参考上文——通过把学习内容手写记录在索引卡上，并用电脑把单词打印出来，两相比较，采用这种方式，所学内容会被更加深刻地铭记在脑海中，大脑里的关联会更加稳固。接收信息的感官越多，效果就越好。

一旦由音素和字母组成的一团乱麻突然变成了让人可以理解的信息，这就是成功的体验。幸福激素会被分泌出来：重复得到了回报。而且，自己的世界突然变大了，我们可以去别的国家旅行，与人交流。学习使世界得以拓展这件事情，小孩子一直在经历。首先，世界只是摇篮；然后，孩子们学会了爬，占领了整个房间；下一步轮到了走路。而在此之前，是几乎永无休止的大量重复尝试。从出生开始，我们人类的身体中就在运行这一学习程序，它包含一个重复探测器：重复，学习，重复，学习。

在相对较短的时间间隔内实施某行为三次以后，人们就会将其融入自我意识。此后，虽然人们还不是大师，但是已经对这个事情的操作方式有所了解，这既适用于新学会的网球发球技巧，也适用于诸如抽烟等恶习。对原始人来说，快速的自动化行为已经带来了好处，他不需要再那么努力，他获得了无所事事的自由空间，不必再为每天的挣扎生存饱受精神折磨了。

现在，我要讲到不利的一面：我们必须留心我们所学到的东西。因为一旦自动化行为得以巩固，再摆脱它就困难得多了。人们至少要实施一种新行为七次，才能使其完全取代以前的习惯。所以，假如我们被教会了一种错误的发球技巧，那么改变原来所学是相当困难的。还有，戒烟有多么困难，这是众所周知的事情。

在这里，催眠可以起到帮助作用。催眠能够很好地促进学习以及改变所学，因为通过高度的精力集中以及对所有让人分心的因素的排除，它能使所期待的行为更快地深植于内心。其作用如同催化剂，有时也如同奇迹一般。比如这样一种认知：我能掌控自己的精神状态。假如我有能力在催眠中故意怀有更悲伤的想法，那么反过来也行得通。其中重要的是：我们在催眠中所学的东西只是指明了道路，接下来，新的行为方式会在日常生活中立即发挥作用。

其实，催眠只不过是涡轮式学习。当我在舞台上催眠一位志愿者时，我通常接连向他发出三次命令："你的胳膊现在相当僵硬，想象你的胳膊相当僵硬，你的胳膊现在相当僵硬。"此时，三次重复也是相当重要的。

因此，我这样"训练"要被催眠的人，让他想象我要灌输给他的念头。在上述情况下，他得想象他的胳膊不能动弹。在这个过程中，胳膊的事情主要不是为了使观众感到惊奇，这只是一个次要效果。当我暗示某人没法再弯胳膊时，发生的事情其实如下：他想象自己没法再使胳膊弯曲，然后他忘记了这只是他的想象。以此，我向被催眠者证明，他所想象的事情成真了。在催眠过程中，这种效果将转移到之后的暗示中，它们也会因此成真。

想象和现实之间的鸿沟如此狭窄，很容易就能被人跨过去。很多社会学家、心理学家，尤其是神经生物学家早就说过：我们的现实不只产生于我们的头脑，它就在我们的头脑之中，我们的世界产生于我们的信念。也就是说，我们不断地催眠自己，却对此一无所知。舞台上的催眠师或是催眠治疗师让我们注意到了这一点。倘若你意识到了此事，你就会成为现实的主人！

月桂叶

这是一种神奇的古希腊仪式，可以给新的一年以美好的开始。这样做，你可以实现一个愿望。请你拿出一片月桂叶，在这片叶子上写下你的愿望。然后，把这片叶子烧掉。如此，你的愿望会被送往宇宙。古老的传言说道：一旦月桂叶烧毁，愿望马上就会实现。你等着瞧吧！

认可鼓舞人心的魔力

学习还有另外一个方面。你是否希望周围的人都“学习”如何快乐地帮你的忙？如果当你在场时，他们觉得舒服，感到自己受到了尊重，这个事情就很简单。

有些人特别有魅力，没有人会拒绝他们的请求，也许你曾经问过自己，这些人的秘密是什么。答案非常简单：他们了解认可的魔力，他们尊重别人，不把任何事情视为理所应当，肯定别人的成绩。

关于这一点，最简单、最有效的仪式就是感谢，这也是我从孩童时期就奉行的。那些不能心怀感激的人，都让我没有好感。我想，持有这种观点的并非我一个人。尽管如此，感谢似乎已经有点过时了。其实，“感谢”这个词有着神奇的力量，它的操纵具有绝对积极的意义：发自内心的感谢使人感到被尊重，可以振奋人心。每一次帮助、每一个支持、每一句赞美都值得感谢。同时，人们也不需要夸大其词。这仅仅有关认可，比如有人在公交车上给我们让座的时候，一次点头或是一个微笑就已经足够了。

不过，其实根本不需要对方的存在，我们就能找出值得感谢的事情。仅仅是想到“感谢”一词，就可以从每个场景中发现积极的方面——总有一些东西值得我们感谢。即使是雨中跟在刚从我们面前开走的公交车后奋力奔跑，我们也能找到值得感谢的地方：感谢我们的腿，让我们可以奋力冲刺；感谢我们的皮肤可以感觉到雨点；我们也可以感谢冒着热气的咖啡，在等待下一辆公交车的时间里，我们可以在报亭旁边啜饮；感谢和报亭店主之间愉快的交谈。感谢让我们关注美好的事情，使我们获得了积极的基本情绪。

假如我们感谢某人，就会给对方这样的感觉：我刚刚做了一些正确的事情！有人为我的行为感到高兴！这是不可抗拒的。请你思考一下，你更愿意给谁一些东西：是抱怨自己圣诞节所得比朋友要少得多的孩子，还是因为一点小事就高兴得两颊发光的孩子？

要想在一段亲密关系中彼此尊重，从而维护爱情，感谢也是一种很好的方式，因为感谢是冷漠的对立面。而且，它还使日常生活变得简单。请你试试看：

从现在开始，请你有意识地关注你的伴侣为你和你们的共同生活所做的事情。当你的男友把吸尘器拿到手中的时候；当你的太太收拾桌子或是拿走垃圾的时候；或者只是当另一半把报纸取进来的时候。请你也有意识地关注值得你感谢的事情，尽管你的伴侣什么都没有做。比如，感谢他或是她就在那里；感谢他或是她爱着你，把你的喜悦付诸表达，表示感谢。

别太夸张，你并不是在颁发奥斯卡奖。一句简单的、并不激动的“谢谢”或是“有你真是太好了”完全足够。

也许迄今为止，你还是持有这种态度："但是为了这些事情，我根本不必感谢，这都是理所当然的事情。"可能你也有这样的感觉：你的另一半有点懒，或者不认可你的成就。那么，说出感谢也许就像是毫无必要的回报。

但是，也许就是因为你自己对此吝惜，所以你也得不到认可呢？认可引起认可，尊重引起尊重。我们的心灵想要得到重视，为了我们所做的事情，为了我们是谁。只有这样，生活才能带来乐趣。因为我们得到认可的事情，被当作值得的行为保存了起来。相反，谁得不到认可，其精神已经麻木。有些人只是被臆想为"懒惰"，他们不去努力，是因为他们觉得反正不会有什么区别。

继续之前的例子：假如我把垃圾带出去，是因为有人怏怏不乐地希望我做这个事情，那么，我就成了这段关系里的弱者。这让人感觉不舒服，也使这种行为没有吸引力。但是，如果我的伴侣向我表示，她重视或是至少注意到了我的行为，那么我就感觉自己做出了有价值的贡献。这意味着：你所做的事情并非徒劳无功，我们二人举案齐眉。总的来说，这就是最好的动机，每个人都想做好事。

即便是对孩子，我们也应该表示感谢。不过，其中重要的是要给孩子这样的感觉：我们爱他，不是因为他的所作所为，而是他自身的缘故。就像对待成年人一样，这种感谢不应该沦为吹捧，其目的是让孩子学会适应现实。

一句真诚的感谢能够抚摩每一个人的灵魂，给被感谢者以积极的暗示。这将使行动充满能量。

我也把这种关联用于催眠之中。假如我想暗示某人，他的胳膊越来越轻并举了起来，我虽然不会说“谢谢”，但是，每一秒，我都对最小的向上的动作给予肯定。我说：“是的”“很好”“就是这样”。由此，胳膊就像是自发地悬在空中。

赞扬和肯定如此有效，在非语言状态下，它们就已经起作用了。不久前，我陪儿子去婴儿游泳馆。在那里，婴儿们正在适应游泳，水被浇到他们身上，他们也因此得到了明确的夸奖。我儿子还不能理解这些话，但是他理解这种善意，开心地咯咯笑。因为认可而感到高兴是一种根深蒂固的人类本能。

当你在饭店里付小费的时候，你也可以观察到这一点。如果服务生得到的小费让他觉得太少，他就会耸耸肩膀；假如他得到的足够多，他就会微笑。这样的反应是未经训练的。我们都渴望认可，喜爱认可我们的人。

说出感谢

通过这种仪式，我向你和一位对你来说很重要的人保证，你们会获得半年的幸福。至少半年。

把你的眼睛闭上一小会儿，去想一位曾经帮助过你的人，想象这个人的形象。

然后，请你拿出一张纸，写一封信，感谢这个人曾经为你所做的美好的事情。请你写下由此给你带来的一切改变以及你的感受。然后，约好一次聚会。在这次聚会上，请你为此人朗读这封信。重要的是：不要被打断。然后，你把感谢信交给这个人。我向你保证：效果会让你心服口服！

Chapter 10 >>>

恍惚：

为何你的身体引导心灵，你如何深度放松且更加快乐地工作，幸福的瞬间如何永不消失

我邀请你参加一个小实验：你在一个空间中环顾四周，让你的目光四处查看。在这一过程中，你的思维会有什么样的变化呢？它会停留在一件事上吗？还是它会追随着目光自动地从一个主题转换到另一个主题？你可能会同意后一种情况。

现在，你找一个固定点并凝视它，然后试着去想各种各样的事情，成功了吗？也许没有。随着凝视的目光，你的思维自动地停留在一件事上，你的心灵变得安静、放松、专注。因此，催眠的目光也是一种凝视的目光。

像其他所有（自我）影响一样，催眠的成功模式亦是：我要设法放松。那么我再给你加上一种想法，一种暗示，因为在放松中每个想法的影响都会更加深刻，只有那些不被太多想法淹没的人才能放松。

正因如此，催眠术和放松术有很多共性。

我们以冥想为例。在冥想过程中，人们常常会使用一种产生相同音频的磬。如果人们将注意力集中于此的话，思维的流动会被阻隔下来。香味也有助于专注，还有人会专注于曼陀罗，或一种带有圆形中心的抽象图画。在这些情景中，人们都是用一种相对不变的刺激来影响感官，这种刺激像圆圈一样围绕着冥想者。

也可以是一种哼唱的声音，一种比较经典的没有实际内涵的咒语或者是“唵”这个词。你注视的墙上的某个点，一束蜡烛火苗，或者给你带来良好感觉的单词，诸如“爱情、能量、安静”。你在大脑中保存这个唯一的东西，并以此来阻止其他情景中会持续转动的思维轮，这就是冥想的内涵：通往宁静，并以此看得更加清楚。从根本上来说，冥想就是没有暗示的自我催眠，而任何一个单词都是一种暗示。如果你为了使用某种暗示而进行自我催眠的话，冥想术是非常值得推荐的。

你也可以直接坐在那里并专注于自己的呼吸，专注于吸气、呼气。如果专注成功了，而思维又没有游离，那么你就已经进入了一种冥想状态。

甚至还可以进行得更加简单。人们已经发现，我们只需闭上眼睛，大脑就会立刻过渡到一种充满阿尔法脑电波的放松状态。这个认识对于日常生活也有很好的启示。在你下次感到被苛求和有压力时：直接将眼睛闭上几秒钟并专注于呼吸。

开始的时候，你可能在另一个想法出现之前最多只能坚持半分钟。不过，这种思维休息已经起到了“迷你”假期的效果了。血压下降，压力激素也出现下降。

或许，你现在已决定开始冥想。那么，一遍遍的练习只聚焦于一个想法。随着时间的推移，你会成功地扩大这种心灵休假的范围。或者你也可以进行自生训练，这也是一种自我催眠的方法，因为它将深度放松与暗示结合在了一起。

魔力数字3：章鱼与专注有何关系

如果你将100个球扔向水族馆中的某条章鱼，你觉得会发生什么呢？是的：它会一动不动。不过，如果你只向它扔一个或最多三个球时，它便会去玩球。这种情景中，我们人类和章鱼没有什么区别。同一时刻涌来太多东西会扰乱并阻碍我们，相反，同一时刻只专注于很少的东西会刺激我们。

美国女心理学家希娜·艾扬格（Sheena Iyengar）曾——又一次——在一家超市进行过一个实验。一种情况下，实验人员向客人提供24种不同的果酱进行品尝；另一种情况下只提供6种。品尝了24种果酱的客人比只品尝了6种果酱的顾客购买得明显要少。品尝了24种果酱的顾客虽然之后也确实从中选出了正确的一款，但这是他们冥思苦想后才做出的选择。

我已提到过：我们最多只能有意识的同时处理三条信息

（有些研究者认为甚至更少），剩下的信息都是无意识接收的。包括学习过程也只能如此进行：永远是一件接一件地进行。如果我们回忆这些学习过程的话，每一个行为理论上都可以成为一种催眠体验，或者冥想体验，并以此成为幸福的源泉，正如研究者发现的那样——还能得到更多。不过，为了让日常行为给我们带来快乐，我们首先得成功清除压力因素。

最迟在多于三种印象同时涌向我们的时候，我们就已经承受不了了。这些事情都不必真实发生，某些事情在我们大脑中发生就已足够。

设想你是正在写毕业论文的大学生。继续设想，你忽然意识到，你应该比自己认为的时间早一个月上交论文。你立马会想象出，不能及时完成论文会发生的一切：你将明年才能毕业；因为助学金没有了，你必须贷款；你必须拒绝已经谈好的工作；你必须做兼职；你的家人感到失望；你自己感到失望；你非常期待的毕业聚会不能举行了，等等。

虽然什么都还没发生，但你想象的“最坏状况”会没完没了地发展下去。这导致远远超过三种印象同时出现，这超出了你的能力范围。这一过程中，这些景象只是发生在你的大脑中，尽管如此，它们也给你带来了一种无力感。或许，你除了担心什么也干不了了，而这恰恰会使最糟糕的担心成为现实。

当然，思考未来恰恰是我们人类的特性，我们天生就是如此。从根本上来说，这是好事。尽管如此，我们也应该让自己意识到，我生活在现在，我只能感受现在，我只能在现在决定未来的事情。有所帮助的不是在恐慌中挣扎，而是自问下面的问题：

为了使情况不那么糟糕，我能做些什么呢？
哪些具体的行动可以解决这个问题？

你接下来应该平心静气地制订解决问题的方法，而不是在想象中描绘最坏的状况。

我们回到上面的例子：你可以制订一份工作计划，以便明确时间是否足够；如果能够给你带来更多时间的话，你可以更改度假计划；你可以决定，将校对工作交给打字社来做；你可以和教授谈一谈，或许可以争取到延期；你可以去你的医生那里说明情况并弄到一份医疗证明；你可以试试是否可以将毕业安排得用时更少；你也可以在周末或晚上的时候撰写一些；或许，你可以从家人那里借一些钱，以便暂停一下打工；你也可以有意识地将考试推迟一年，并规划与此相关的一切。永远都有行动的可能性。

这样，你就不会感到无助，而是感觉自己充满了行动力。这样，你不仅有可能有效地实现目标，而且还会从中获得乐趣。我现在向你展示，如何相当有把握地完成此事。

万物皆在心流之中流动

心流是一种催眠状态。当我们全身心投入到一项活动时，便可自动进入这种真正的催眠状态。遗憾的是，大部分人在童年之后就很少再经历这种状态了。这是一种时间和空间完全被忘记的、令人陶醉的状态。这是一种时段，在这个时段中，我们或全身心地画画、组装东西、撰写东西、忙于一个项目或只是在擦窗户。如果某人的突然进入或者某个噪音将我们的这种催眠状态打断的话，我们会吓一跳。我们通过将全部注意力集中到某一件事上而进入到这种催眠状态。

心理学家米哈里·契克森米哈（Mihaly Csikszentmihalyi）首次详细地描述了这种现象，并将心流看作幸福的源泉。他因此也将注意力描述为一种精神能量。他还说，原则上我们在任何活动中都可以达到心流状态。这种状态的附加效果是，我们可以完美而高效地工作。创造力也会在心流中涌现，新的想法和解决方案会自然而然地出现。不过，契克森米哈认为，这种全身心的专注需要很强的自律性。

我的看法稍有不同，我不认为我自己的自律性特别强，但我常常体验到心流。由于研究催眠和思维技巧，我的大脑已经习惯了专注于某一件事。如果你是心流新手的话，既不必强迫自己干某些事情，也不必一直等待下次心流的偶然出现。因为通过一个小小的仪式，心流就可以轻松出现：运用所谓的

ABC测试，这是神经语言程式学（NLP）创始人理查·班德勒（Richard Bandler）发明的一种方法。你最好独自一人时做这个练习，因为这个练习看起来会有些搞笑。

幸运ABC

首先，你依次写下ABC三个字母。然后，在每个字母后面任意写上l（表示左）或r（表示右）。接下来，在r和l的后面写上B，或者A。顺序完全不重要。

B代表抬腿，A代表抬胳膊。将写好的纸条固定在对面墙上，按照字母的顺序做所有的动作，一直做，直到很流利为止。

这项活动将精神和身体的任务结合在了一起。你被迫集中注意力，否则就会出错，它可以使你直接进入心流状态。为了加深这种状态，你可以将任务弄得更加复杂一些，加上一些交叉运动。例如：

A：rBlA（抬右腿和左胳膊）

B：rAlB（抬右胳膊和左腿）

C：lBrA（抬左腿和右胳膊）

通过交叉运动，我们对自己提出了更高要求。不过，这种动作做得越流畅，心流状态就越深。

在这种状态中，我们不仅感觉很好，而且我们对暗示更加开放，学得也更好。如果你在ABC练习之后再去通读书中的某个自我催眠脚本的话，那么脚本的内容会深入到你的潜意识中。并且这还可以有更多的好处。

几分钟内战胜恐惧

我们还可以用ABC练习做更多奇妙的事情。假如你极度胆小，但是你想摆脱这种胆小，因为你想学习滑雪。那么你想象地板上有一个圆圈（如果你喜欢的话，也可以在地板上放一个呼啦圈或者自行车内胎）。进到圈中，闭上眼睛。现在想象你的恐惧，想象得尽可能逼真，想象你站在山巅并瑟瑟发抖地凝视深谷的情景。伴随着心跳加快、手掌颤抖和出汗，现在将你的恐惧程度在1到10的某个刻度上打一个分数。

接下来离开这个象征着你的恐惧的圈，站到圈外。在圈外做我上面向你描述的ABC练习，一直做，直到真正进入心流。然后再进入到那个恐惧圈中，再次尝试去感受恐惧，再次在1到10的某个刻度上给你的恐惧打个分数。

你会被惊到，因为你要么再也无法感受到先前的那个巨大恐惧，要么这种恐惧已经急剧减弱。你可以一直重复这个过程，直到恐惧消失。

借助这种观想练习，你也可以发现问题所在。为了实现这一点，你不要再去想象恐惧情景，而是去想象真实问题，或者想象对你来说迫在眉睫的问题。你可能正面临着职业中的重要决定；你对是否要选择接班人不是很确定；你对是否愿意同上次约会的人再次见面不是很确定。在这些情况下，你不需要刻度尺，只需要观想你的问题或代表着你疑问的情景。在学会ABC练习并找到心流之后，你在第二轮的练习中就能突然找到问题的解决方案，这种情况不在少数。你无论如何都要放松，这样问题就会显得不那么沉重：你会获得一种新的视角。

收蔬菜

生活在18世纪的神父法利亚（Faria）是首批使用催眠技巧克服恐惧的人之一。他年轻的时候有一次需要在很多人面前演讲。因极度恐惧和怯场，他不敢走上讲台。他的父亲发现了儿子的恐惧，就对他说："将你的听众想象成蔬菜，现在出门去收蔬菜！"胆怯马上消失了，年轻的神父法利亚做了一场精彩的演讲。从那时起，他对简单的一句话如何改变了他全部本性并让他能够自由演讲入了迷——他成为第一批重要的催眠师之一，他的部分技巧今天还在使用。

保存幸福感

战胜恐惧并轻松解决问题是一件很美妙的事。如果再加上由按压带来的自信心提升会怎么样？在下次薪资谈判的时候，在初次约会的时候，或者在第一次同男朋友父母见面的时候，这可能会有用。要知道，瞬间的好心情也可以被重复利用。

你可以通过简单的自我催眠来实现这两项。

在催眠术中人们常常提到锚定。它指的是锁定某种特定的感觉：可以是你在大学毕业庆祝时感受到的某种自豪感，某次蹦极之后的陶醉感，或者是你获得某种特别恭维之后的感觉。这取决于你按压时想要调出什么样的情感。每当这个锚被抛出时，这种感觉就会出现。这可不是一种魔法。

你找一处不会被人打扰的清净之地……

· *积极情感的家庭药箱（4号脚本）*

坐下并闭上眼睛，

深吸气、呼气……

深吸、呼……

感受焦虑是如何随着每次呼吸从身体中消退的。

伴随着呼吸，放松流入各处，直到每一个指尖，

在你最放松的时刻回想让你感觉极其舒服的情景。

想象这个情景，

每一个细节，

观看你面前的一切，

平心静气地，

感受这种超级棒的情感。

更强烈的感受，

更强烈，

尽最大可能地强烈，

在感觉达到最高峰时将中指和拇指捏在一起。

结束了。将这个练习连续做三遍。

最好连续三天用这种方式进行自我催眠。这样，这种美妙的感觉就同拇指与中指的捏合——锚——牢固地联系在一起，以后仅仅通过这个手势就可以唤起这种感觉。你可以在桌子下面悄悄地捏合中指与拇指——你可以察觉到，你是如何唤起这种感觉的。从根本上来说，这与使用著名的巴甫洛夫反射没有什么不同。每当巴甫洛夫的狗得到食物的时候，它都会听到一种铃声，它会因食物而口水直流。一段时间后，就算根本没有食物，只要听到铃声它就开始流口水。其实我们人类也是这样。

你也可以将上面的练习读给朋友或家人听，或者将它用作催眠中的暗示。后面你还会读到更多相关内容。

当你在某个真实的情境中做某个成为锚的动作时，也会同样成功。一旦某些情感出现，就直接将其储存起来。你可以给自己制作一个医药柜，并将不同的锚与不同的感觉连接起来。

在你感到非常爱伴侣时，掐一下前臂；在极其放松的情景中——晒日光浴的时候，洗桑拿的时候，做爱之后——轻轻咬一下下唇；在跑完步或睡了12小时后感到精力极其充沛的时候，用食指和中指轻按同一只手的手心。这样，在你感觉不是很好的时候，你就有情感急救药随时可用，或者干脆取出幸福之花……

·*幸福之花（5号脚本）*

你在一个美不胜收的花园里。

阳光洒落下来，天空是蔚蓝色的，微风在树间来回游动。

你跑步穿越这个花园，并在一朵美轮美奂的花前停了下来。

非常仔细地观赏这朵花。

它的模样如何?

它的花瓣是怎样排列的?

它是什么颜色的?

它发出什么样的香味?

这朵花就是你的幸福之花。

采下这朵永不凋零的奇异之花，把它放在包里。

在以后的日子里，每当你需要幸福感的时候，就去包中取出这朵花。

你感到幸福了吗？

实施精神柔道——体验你的问题如何自动变小

你可能是那种认为积极思维不现实且幼稚的人，认为这是一种逃避现实的避世想法。可是这种想法不完全正确。如同乐观主义者，悲观主义者也永远认为自己是对的，因为消极的思维会产生消极的现实，而持之以恒的积极思维会产生积极的现实，而且不仅仅是给身体带来积极效果。

积极思维确实可以使问题变小。例如下面的研究就证明了这一点：一组大学生在半个小时内专注于生活中消极的东西；另一组大学生则在同一时间内专注于生活中美好的东西。之后所有大学生都去解一道非常复杂的数学题。结果令人惊讶，经过积极思维的第二组中80%的人可以很快得出正确答案；几乎没有一个经过消极思维的人能正确解出这个复杂的问题，他们直接放弃了，半小时之久的烦恼折磨使他们精疲力竭并丧失了勇气。

积极思维不仅仅只是一种天真，它会让我们的身体释放更多能量，让我们以解决问题为导向。

积极思维所遇到的唯一的，也是较大的问题是落实问题。

被抑郁情绪笼罩的时候，我们好像很难获得令人振奋的想法。对此，美国精神病学家杰夫里 · M. 施瓦兹（Jeffrey M. Schwartz）建议使用“精神柔道”法。它的意思是，做积极的活动。干一项需要你的身体及尽可能多感官参与且能带来好处的行动，一项使你的注意力逃脱抑郁旋涡的行动。这些行动可以是完全不同的事情。

例如慢跑或者散步，做你最喜欢的菜，伴着你最喜欢的CD跳舞或唱歌，画点东西，游泳或洗桑拿。重要的是要干点事，而不是静静地坐在那里，无所事事只会加剧沮丧。我们人类是行动动物，如果忘了这一点，那么出现忧郁情绪也就不足为奇了。

充当“精神柔道”的运动甚至有长期效果。来自北卡罗来纳州达勒姆地区杜克大学医学中心的科学家帕特里克 · 史密斯（Patrick Smith）曾对2000多人参与的29项研究进行过评估，他得出结论是：定期的身体活动会使海马区增长，这是我们大脑的中心，是负责感官的区域。6个月的耐力训练使我们的专注力得以提升，大脑中的神经细胞更加高效工作，记忆力更好，并且我们会更加聪明。

不过，好情绪并不是6个月之后才出现的，消极圈会被立刻打破。

精神永远紧跟身体活动。吵架之后做爱的伴侣遵循的也是这个原则，争吵会因此被忘记，如果没有起调解作用的性爱，很多伴侣关系肯定早已不复存在。

存放漂亮东西的首饰盒

将那些你知道的能把你从情感深处拉出来的活动列一个清单：准备一份马德拉斯咖喱，进行一次林间漫步，做一份巧克力蛋糕，种一畦水芹，等等。将这些活动工整地写到彩色便条上，弄完之后将所有的便条放到一个漂亮的首饰盒中。每当以后需要鼓励的时候，就从中抽取一张——然后马上去做。

我尝试着仪式性地做日常生活中所有的事情，尽情享受每一刻——这也是精神柔道。我喜欢周围一切美好的事物，享受坐在日光下工作，与待在昏暗后屋的白炽灯下拼命工作是不同的。对我来说，如何开始每一天是很重要的。我的“清晨仪式”的灵感来源于我的一位朋友，他经营着一家咖啡烘焙房。他从非常小的事情开始，从一台烘烤机开始，生意就这样慢慢地越做越大。如今他已在明斯特经营着几家咖啡屋了。我也是从他那里体验到，咖啡原来可以如此美味，咖啡与咖啡的差别竟然如此之大，咖啡就像葡萄酒一样种类繁多。在这种顿悟体验之后，我每天早上都会仪式性地为自己准备第一杯咖啡，就像是一位资深的咖啡行家。我用高品质的水壶烧水，并将新烧开的热水倒入新烘烤和磨制的咖啡中，热一下杯子，不紧不忙，好好享受最初的几分钟。这给了我一整天的积极推力，是最纯粹的禅宗。

早上的咖啡仪式之后是我的另一个固定习惯——离开住处。我在固定咖啡馆忙活我的新节目或新书——就像现在这样。这种程式如此固定和训练有素，以至于我会马上进入工作状态且不会分神。当我坐到固定位置并将笔记本和钢笔放到自己面前时，我已知道：现在开始工作。这是一种很强的训练有素的暗示。你也可以：将你喜欢做的所有事情都变为一种仪式，以便你能几分钟内就进入到好情绪中。

一旦你做了承载着积极情绪的行动，你也会自然而然地感觉更好。如果我们每天早上都以这种方式为一整天做好情绪准备，我们就会变得更具创造力，我们日常生活中的任务也会显得更加简单。

那么，什么是清晨仪式呢？下面的建议或许你会感兴趣：

美好抖动——获取更多能量的哼唱

这是一件人们随时可以做，或是在感到疲惫或沮丧的时候有针对性做的美好事情。我们在原始居民那里常常观察到这种仪式。一段抖动的哼唱使整个身体都动起来，并且使它充满能量。尝试一下，至少在早上或晚上的时候到镜子前面试一下。我向你保证：三周之后，你会发现一个新的自我。

Chapter 11 >>>

调节相同波长：吸引或交际成功的秘密所在

生活是一种引诱。不只在爱情中这样，售货员的职业在于吸引人们购买商品，记者或作家会吸引读者进入文章所建构的世界，魔术师会吸引观众随他进入一个奇异的世界，我们所有人都想吸引周围的人喜欢我们。

所有这些的关键在于我们的情感。

美国人权活动家玛雅·安吉罗（Maya Angelou）曾说过："我在生活中学到了一点：人们会忘记你做过什么，但绝不会忘记你所带来的感觉。"

这准确地表达了每个交际的基本准则。对于感知来说，我们的感觉比内容更重要，我们所有人都寻找舒适感。政客之所以被选出不是因为他的能力或他的政党纲领，而是因为他的个人魅力。大量的调查已经证明了这一点——情感决定我们的行动。情感会引导我们，情感也会引诱我们。

这一点不只适用于人类。例如，你能回忆起可口可乐广告中所说的随便某些东西吗？广告中到底有没有说些东西？或者只有音乐？如果是的话，是哪一种？我们每个人都可能无数次地看过这个棕色汽水的广告。但只有那些广告词唤起的情感留在了我们的记忆中，配着几张美丽的图片，某种笔法，尤其是熟悉事物引起的惬意感。我第二章中详细讲过的重复的力量在这里也发挥了作用。

《热带雨林真人秀》技巧及晕轮效应

P. T. 巴纳姆（P. T. Barnum）是19世纪时美国的一位马戏团团长及政客。不过，他首先是现代市场营销的创建者，因为他创造了下面的陈述：“关于我，你写什么都无所谓。重要的只有一点，你提到了我的名字，并且出版了关于我的图像。”他是对的，关于名字和图像的记忆会留存下来，而关于糟糕的马戏表演的报道三个月内就会被忘记。当然，这不适用于唤起消极情绪的、真正的坏消息——大屠杀的刽子手仍被记忆为大屠杀的刽子手，战争就是战争。但是，一场马戏表演，一场音乐会或在电视中露脸不属于这个范畴。这些消息只是被我们附带性地感知，它们不会触碰到我们更深处的情感。不过，我们越频繁地看到马戏团的名字和图像，我们对它的亲密感就会越强烈。如果有一天我们需要在“是想去看巴纳姆的马戏表演”，还是“想去看一个名叫扬·贝克尔的奇迹制造者的魔术表演”间进行本能选择的话，那么多数情况下我们会选择我们经常听到的那个人。

如今那些被遗忘的名人喜欢参加《热带雨林真人秀》节目。节目中发生的尴尬的、令人厌恶的以及其他令人恐惧的事情会在很短的时间内被忘记。如此一来，只有去过《热带雨林真人秀》的人才是名流。人们数周内会在电视上、报纸的第一版上、人物杂志及网络上看到他们的脸和名字。这些先前被遗忘的人又被人们谈起，并且他们的形象与先前相比变得更加正面，这样一来，他们就“完成了使命”。

当然还有晕轮效应。那些不是很出名但又想出名的人常被建议，要在更有名气的明星圈中露脸，因为他们周围环绕着一股魅力气息，就像圣像头上的光轮。这种特别的魅力气息不是一种可以测量的东西，而只是一种感觉，是一种只要观察者看到相应的人就会产生的感觉。这种感觉像颜色一样也会染到还不是很出名的人身上。当然这只是发生在观察者的眼中，事实上没有东西会染上去，顶多是化妆品在礼仪性接吻时染到对方身上。

人们在柏林常常会看到这种景象。如果一位的确是每个人都知道的名流走进一家很受欢迎的俱乐部，并且这位名流还带了两个朋友，那么这些到目前为止还不是很出名的人就会立刻变得非常重要。所有人的视线会转向他们，人们会问：这到底是谁？人们会窃窃私语，猜测并拍照。陪同者成了话题中心，而他们既没说什么特别的话，也没干什么特别的事，这就是晕轮效应。

积极的暗示吸引积极的感觉

我的读者中可能很少有人非常出名，或者想要出名。但是每个人都可以从这种关于心理过程的知识中获益。再说一次：涉及注意力时，感觉先于内容。

正因如此，我在催眠期间会将每个暗示都与积极的情感结合在一起。如果我对某人说："你的胳膊很僵硬，胳膊越僵硬，你就感觉越好。"那么这会导致这个人的潜意识去实施让胳膊变僵硬这个行动。如果我接着又说："你感觉越好，你的胳膊就变得越僵硬。"那么我就创造了一个环，在这个环中一个暗示会引起另一个暗示。有位表演的参加者事后对我说："我都想将胳膊在空中举两个小时，这感觉简直太好了。"

你应该有目的地呵护那些可以引起积极情感的行为方式。一直用真诚的赞美有意识地称赞周围的人，某次成功聚会后的感谢卡，帮助别人，讲个励志故事，带上自己采摘的花束。你有无数的方法给别人带来积极的情感。这些事情的美妙之处在于我们以此也赠给自己一些东西，因为这些情感会反馈到我们身上。

不是去讲一些已经出错并且你也无法改变的事情，而是有意识地去讲一些美好的、有意思的、能够带来舒适感的故事。你要知道：我们说的任何事情都会产生一定的效果。没有人愿意待在充满胆小鬼或诽谤者的社会中。这些人给人一种他们在抢夺能量的印象——这明显是一种消极感觉。给别人能量，这样你顺带也将自己的注意力放在舒适的事情上，你使人大笑——你的好心情也会更多。

在与别人的交流中一直使用积极暗示，你可以在非常小的事情上这么做。例如对你的岳母说："请坐到我们这把舒适的椅子上。"这样你的椅子以及坐在椅子上成为一种特别放松的体验。极其普通的坐具也因此成为御座，你岳母将会记得在你那里曾被当女王对待过。如果你是带着微笑做这些事情的话，舒适感还会再增加几分。

还有，不要忘记微笑。非常有意思的是，我们会觉得那些面带微笑预言我们会遭受巨大不幸的人要比那些满脸愤怒预言我们会经历很棒事情的人更讨人喜欢。正因如此，电视上所有的人都在微笑。即使是在报道糟糕消息的新闻中，说话人都会含蓄地微笑。不管你想引诱别人去干什么——不管是寻求鱼水之欢的夜晚，还是让对方买你的车——你都应该记住：感觉先于内容，一定要按顺序来。

尽可能迷人：第一印象

人际间的接触有一条重要规律：第一印象好或不好只是几

秒钟的事情。遗憾的是，很多人在进入有人的空间时会感到不安，因为他们不知道该干什么。他们觉得，所有的目光都集中在他们身上，有时确实如此，例如某人是讲师或某人登上舞台的时候。遗憾的是，这种不安也会通过不安的身体语言表现出来：耷拉的脑袋，紧缩的肩膀，盯着地板的不安眼神。

其实，你可以通过美妙的想象瞬间使你的入场变得具有吸引力，同时这种想象也可以增强你的自信。我曾在第一本书《我知道你的秘密》中描写过“天使翅膀”这个具有魔力的联想游戏。如果你想象自己肩膀上有两个银色的天使翅膀，并且非常庄严地将其展开，那么你整体的魅力会直接发生变化。你有一些要干的事情，要笔挺地行走，抬起头，嘴角上挂着微笑。你会从容而坦诚地面对所有目光。我一再收到用过这个技巧的读者给我的热情洋溢的反馈。他们说，他们在此之前从未结识这么多有趣的人。你也可以试试。

在进入某一空间后——我们假定是咖啡馆或者一家酒吧——你基本上会立刻知道谁愿意同你接触。如果你同别人有了目光接触，并且持续2~3秒，那么证明你得到了一手好牌。如果你是在寻求调情的话，那么这是通行信号。

不过，直接奔向某人是没有什么意义的。这样的话，几乎所有人都会自动拒绝你。研究已经证明：如果人们需要在短时间内对支持还是拒绝某个不熟悉的事物做出决定的话，人们偏向于拒绝。拿出几分钟的时间来，给自己找个座位，点上一杯咖啡。从上一章中提到的“情感家庭药箱”中取出一个锚来，用它来增强一下你的自我价值感和自信心，然后再走向这个人。

重复一次：送你一些开启话题的东西

男人们尤其愿意想一些如何同女人攀谈的话，这些话通常是：“我是不是在哪儿见过你？”或者“请问几点了？”我认为下面的句子更适合套近乎：“我恰巧看到你坐这儿，你的魅力非常吸引人。”

你只是泛泛地赞美对方的魅力会有一个好处，你的话会涵盖整个人，包括外在的和内在的，这样对方会觉得受到了格外的重视。成功的恭维总是会提升人的情绪并建立起第一步的联系。此外，恭维还是一种言语礼物——就像礼物发挥的作用那样，你肯定已经知道：人们会回赠给你一些东西。

接下来重要的一点是：限制你的时间。比如你可以说：“很遗憾，我几分钟后就得离开，因为我刚和朋友约好，不过我刚才还是没忍住和你攀谈了几句。”

这不仅显得有魅力，而且也打消了对方觉得你正在“苦苦寻找”某个猎物的疑虑。这首先会让你的攀谈对象明确一点：我可以冒险进行个简短的交谈。如果这个人是个十足的傻瓜的话，他也会很快走人。反过来说，如果你发现对方的魅力并不像一开始想象的那样的话，你也有消失的机会。

如果某人被我选中去舞台上催眠，这个人也应该知道，几分钟后所有的一切都会过去，他不必为我的读心术和催眠游戏耗费数个小时。对于我的大部分观众来说，这也是他们参与的前提。之后大部分人会对游戏结束感到不舍。

不要努力使套近乎显得独特，这会让人觉得不自然。恭维时也要保持自然。原则上来说，你说什么几乎无所谓，只要你获得了友好的目光接触，就已克服了最大的障碍。

借助能产生顿悟效果或带来惊讶的小游戏接近对方也是个很好的主意（只要你们在此之前已经有了友好的目光接触，就像刚刚所说的，没有铺垫的意外惊喜不会有效果）。被逗笑是人们最想要的，好心情和大笑会自然而然地把你们黏合在一起，这立刻就创造出一种积极的联系。对此，我有几个建议：

关于本的母亲的谜语

搭讪时说（不是恭维，恭维的话在后面）："我想和你一起玩个游戏，你愿意吗？"

如果得到肯定回答，你说："本的母亲有三个儿子：拇指宝（这时指向你的拇指），食指宝（这时指向你的食指）和……？"（这时指向你的中指）。此时对方99.9%的可能会回答中宝或中指宝。

有时候对方可能需要过一会才能发现正确答案，这种情况下大笑也会更大。利用大笑之机为自己的唐突道歉并恭维道：“请原谅我的唐突。我确实被你吸引到了。顺便说一下，我的名字是……”这样你们就可以开始交谈了。

恭维技巧

或者你更主动一些，使用下面的恭维：“你发型不错。”等待感谢，然后转身暗示要离开，几乎同时回到调情上来，补充说道：“实话实说，你的鞋子也非常漂亮。”保持微笑，再次等待感谢。接着说：“我也非常喜欢你的衣服。”微笑，等待，接着说：“哈哈，说实话，你身上所有东西我都很喜欢。”如果对方不是僵硬的木乃伊的话，他/她极有可能会大笑。你接着说：“你非常幽默啊，因为我这不高明的搭讪让你大笑起来……”

手中麻雀

取出圆珠笔，在你手掌上清晰地写下下面三行：

一只麻雀

在这

这手上

然后把手伸给对方让对方读。大部分人可能需要读几次后才发现有两个“这”，因为快速系统“我”会立马喊出“我知道”，而不去仔细查看。笑声是肯定的了，接下来的步骤就和上面的一样了。

这些游戏的奇妙之处在于，它可以很自然地产生一种互感。互感是某一交际情境中参与者之间所拥有的一种联系。互感在舞台催眠或催眠治疗中也是很重要的步骤之一，没有互感，催眠就无法进行，没有互感也完全不会有交流。顺便说一句，互感并不一定就是和谐。

对于很多交流形式来说，重要的只有一点，对方要对我们的所说或所做有所反应。例如当我在表演中将某人请上舞台，并且这个人也按我的要求去抬胳膊或闭眼睛，那么我已知道，互感出现了，并且他是可被催眠的。他不一定非要对我有好感。这在相互关系中意味着：即使对方刚刚在向我怒吼，也表明这一刻他是在我这儿的。因为这已经是一种互感，一种靠近。只要伊丽莎白·泰勒（Elizabeth Taylor）和理查德·伯顿（Richard Burton）这对著名的吵闹夫妻还在争吵，就证明他们的婚姻没有问题。只有当一方不再有任何反应的时候，关系才真正地拉响警报。一方干什么对另一方来说都无所谓——这才是真正的问题。

再回到调情。在我们刚刚见面时，大喊肯定不是最好的策略。我们在这不仅需要加深互感，而且还需要建立一种好感。幸运的是，这是有技巧可用的。

令人愉快的秘密和其他的交流技巧

留意对方是左撇子还是右撇子，从右边靠近右撇子，从左边靠近左撇子。然后待在这个“令人愉快的一边”。如果你是在交谈中才最终确定哪只手是对方的主动手，你随时可以换边——有点刺眼，有穿堂风，或者突然想起什么来。如果你待在对方主动手一边，对方会自动觉得你很招人喜欢。你当然也可以在其他情境中利用这一点。

顺便说一下，主动手还可以通过其他方法被识别出来。人们可以在政客那里很好的观察到这一点。如果某人所说的内容确实是他所认为的，那么他更可能自动地用主动手做手势。如果某人对自己所说内容不是很确定，甚至他是在撒谎的话，那么多数情况下他会用他的被动手去强调所说内容。所以右撇子诺贝特·布鲁姆（Norbert Blüm）挥动着左拳做出了那个令人生疑的许诺“退休金是安全的”。相反，左撇子贝拉克·奥巴马（Barack Obama）通常用左手做手势——诚实的人。如果你的搭讪对象说“很高兴能够认识你”，并且是用主动手强调了这一点，那么这是个积极信号。

启动你的调情对象：将对方引向你

再说一次：对感知来说，感觉比内容更重要。如果一位女士或男士对你有好感的话，你其实是可以说废话的，对方还是会认真倾听。如果聊天已经开始，你差不多已经成功了。秘密是：只要有了接触，就要不停地说话。在我想要催眠某人时，我也是这么做的。重要的是，在某一时段内接触不能中断，对方要聚焦在你身上。也就是说：你就与自己相关的事情说上两三分钟，说一说你是怎么来到这家咖啡馆的，你叫什么，说说天气和咖啡的香味，刚刚演奏的音乐。给予对方两分钟的时间，让对方有机会平心静气地去评价你。在此期间利用这个启动对方的机会——将其引向你。

一切美好事物都指向上方

你也可以用手势影响对方对你的态度：你在谈话中做一些向上的手部动作。这些向上动作会让对方对你所说内容产生好感——而你恰恰是在说一些关于自己的事情。回想一下第一章中的内容，那些需要从上向下对弹珠进行整理的大学生变得悲观，而那些从下向上进行整理的人则获得了好心情。做向上手势的附带效果是，你自己的心情也会跟着上升。

聪明的梳理：交际梳理

如果进展顺利的话，在决定性的前一两分钟后，就可以进入较为轻松愉快的谈话了，因为你肯定不能在那儿进行数个小时的独白。目前情况下，轻松的寒暄完全足够，求偶行为没有必要。对人来说，寒暄类似于猴子的“梳毛”：给对方梳毛。今天的我们当然不可能再去相互梳毛，而是交谈，而且在80%的时间内都是谈一些完全不重要的事情，并且这一谈话过程让我们感觉不错。这不仅仅适用于搭讪，也适用于同各年龄段、不同性别的人进行的所有社会交际。聚会上，联欢时，酒吧里，或同火车或飞机上的邻座交流。我们以此被认可为社会的重要组成部分。

如果你不知道应该谈点什么，那么记下NO-BUFF这个没有实际含义的词。这个词表示的是：名字（Name）：他或她叫什么？地点（Ort）：他或她来自哪儿？职业（Beruf）：他或她是干什么的？度假（Urlaub）：他或她最喜欢在哪里度过空闲时间？家庭（Familie）：他或她有什么样的背景？业余时间（Freizeit）：他或她的爱好是什么？但切记，不要搞成单方面的盘问，要先讲讲自己，再问对方。

瞬间恍惚

我留这种奇怪的半月形发型不是没有原因的：每当某些奇

怪的东西吸引我们的眼球时，我们的注意力也会聚焦在这些东西上面。一旦人们感知到我的发型，他们就已进入恍惚状态，进入到一种注意力高度集中的状态。从外表上改变某个可以引起注意的细节，比如一枚奇怪的耳环、一枚纽扣、一件不对称的衣服等。只要发现某人的注意力落到了这个特别之处——需要注意的是，这种情况有时候发生在瞬息之间——你就与其对视并微笑，展现坦诚、可爱的自己。你瞬间进入到对方的潜意识，这种潜意识会自动对你产生好感。当然，这些细节也可以成为话题——你说一说是从哪里搞到那个特别的手镯的，那个古怪的纽扣哪儿来的，或者你是怎么想到留这么一个奇怪发型的。

魔力名片

魔力名片也可以成为话题。弗洛伊德说过，幸福在于实现童年的梦想。孩子们也常说："等我长大了，我要做这个做那个。"这些计划会留在潜意识中并伴随我们一生。所以你印一些名片，上面写上你的名字和你童年时的理想职业。例如"玛莲娜·西格尔——研究不可见物女教授"，或者"库尔特·希曼斯基——使物体反向坠落的大师"，或者"明卡·施密特——肥皂泡女设计师"，诸如此类。我的名片上写着"奇迹制造者"。事实上，这些名片确实可以创造奇迹——亚历桑德罗·佐杜洛夫斯基（Alejandro Jodorowsky）是我精神意义上的导师，他的一种心理魔法行为是我孩童时的梦想。

设置相同波长

如果你想在聊天对象那里获得好感，那么你应在聊天中择机说：“天啊，这和我想的一模一样。”当然，最好是实际情况也是如此。这是给予对方的最好肯定：这是个和我想法一样的人，一位知己。从心理学上来说，这是一种将别人调整到我们波段上来的启动。

刺激镜像神经元

赞同还可以做得更加巧妙。有人曾（又）对大学生做过一项实验。这项实验表面上是对一种新的能对运动做出反应的扬声器技术进行测试，为此学生们被安排到正在播报新闻的扬声器前。如果声音质量有变化的话，其中一个小组的成员要做点头动作，表面上说这是为了激活运动检波器；另一个小组的成员要在同样情况下做摇头动作。

其实测试的真正要求是让学生们对这些新闻报道进行评价。做摇头动作的小组成员对新闻报道做出了负面评价，而做点头动作的小组成员对听到的内容保持了较为正面的评价。

人们可以利用这一点！你的点头可以通过镜像神经元让对方也跟着点头——你点头过程中说的话也以此倾向于被正面评价。尝试一下。

互感测试

你也可以做个小测试，以确定聊天中的你是否受欢迎。例如你可以提及你最喜欢的颜色是红色（当然，蓝色、绿色或其他颜色也是可以的）。如果他或她想给你留下深刻印象的话，他或她很可能在下次见面时穿戴一些是你喜欢颜色的东西或者带一些是你喜欢颜色的礼物。当然，这也有可能是一种巧合，但更大的可能是，这不是巧合。

用作好感锚的名字

引起好感的非常棒的办法是使用对方的名字。高级酒店的工作人员会记下客人的名字并一直使用，人们因此会有一种宾至如归的感觉，亲近感立马出现。因为用名字称呼对方表达的是：我尊重你，你很有价值，我认真对待你，并且你理应被这样对待。这个原则用在其他交际情境中效果也会很好。

女性原则和男性原则

如果你想有意识地制造好感，或者你就是想让别人认真对待你，那么你应该清楚，在交际这件事上男人和女人是不一样的。

有研究表明，女人在做报告时会本能地同整个小组成员进行目光接触。如果这位女报告人是给女性做报告的话，这没有什么问题；如果有男性在场的话，这种目光接触会让人觉得她不是一位有能力的领导者。因为在座的男性会觉得，女报告人的这种目光行为使她进入了听众层面。男性的这种反应是无意识的。这种反应与大男子主义没有关系，可能是由基因决定的：男性的等级导向与女性相比更加明显，这在小孩的游戏中就已有所体现，人类学家海伦·费舍尔（Helen Fisher）也观察到了这一点。

男人在做报告时会本能地挑出一个人并在整个报告期间盯着他或她。那个被盯者的等级在在座的男性眼中也因此得以提升。

因为我的观众总是同时有男性和女性，所以我在舞台上会选择另外一种方法：我开始表演时不看任何人，我看起来像是盯着某个人，其实我谁都没有凝视（凝视空气），这会将注意力极大地引向我。我仅仅借助这种目光就获得了主动地位，所有的耳语和嘈杂声都消失了。而且通过这种方式我的注意力也不会被分散，我可以专注于我要说的事情，在精神上和躯体上。

再次回到搭讪话题上来。因为你们刚刚认识，并且对对方一无所知，因而性别也是一个很好的导向点。请不要误解我，今天的男女平等是重要且正确的。但是有时候我们忽视了我们其实是有区别的这一点，女性与男性的本性是不同的。如果我们想要过一种与我们的本性相矛盾的男女不分的生活，这往往会引起混乱。

人类学家约瑟夫·坎贝尔（Joseph Campbell）曾说过，我们已经忘了女性是一种神圣的物种。女性在早期文化中是被崇拜的对象，今天在原始居民那里还是如此。女性能够生育，可以带来生命。原始群体的人们意识到，女性因此更容易受伤。我们在今天男性主导的世界中常常忘记这一点，在我们的社会中也是如此。这种容易受伤是进化决定的：如果一个女人冒险与一个错误的男人交往，这个男人使她怀孕，之后又去寻找远方，那么这个女人就会独自和孩子待在那儿。因此一个女人在第一次同男人见面时最先考虑的是安全感。一个女人必须在情感、精神和心理层面上感受到：这个男人不会带给我任何伤害。因此女人偏爱缓慢的、不是很果敢的靠近，这种靠近是伴随着美好而又富含内容的交谈而来的。据一项被广泛引用的统计显示，一名女性一天至少使用两万个单词，当然这只是个近似值。具体来说这意味着：在刚刚提到的介绍环节之后，男人首先应该能倾听对方，让她说完，再提问题。

用身体发出正确的信号同样重要。非性接触会在女人那里搭建起信任。这包括不经意的手部、肩部、背部接触或拥抱。这使她觉得，她被看作人，而不只是性对象。言语的、非色情的喜爱表达以及双方的共同点可以实现相似目的，“我喜欢和你共度时光”或者“在你面前我感觉非常舒服”这些句子是女人耳朵中的香脂。

下面这句话听起来像是陈词滥调，但据我的经验，它是真实的：大部分女人渴望浪漫。例如不久前一名女电视编辑在拍摄时对我说，她的生活“完全毁了”。她给我的印象是，她是个浪漫的人，但是她不承认自己这一点。我因此问道，她的生活中是否有足够的浪漫。这听起来可能有些老套，但是我本能地觉得这就是问题所在。我建议她将生活过得更有仪式感一些，享受每一天。她说：“扬，你说得对。这点是被我彻底忽略了。”

如果你是一位想给某位女士留下深刻印象的男士，那么在第二次或第三次约会时准备一次浪漫的烛光晚餐，或者来点冒险行为，比如树林中的野餐。而之后某刻的交欢也应在优美环境中浪漫而又缓慢进行。

回到男人话题。我虽然不太愿意承认，但是男人确实要简单一些。如果他的成就得到认可，他就会感到高兴。此外在他体验到性认可和性满足时，他会很幸福。男人自古一直如此，他在内心深处仍是一个想让自己的氏族活下去的猎人。他会因射杀了猛犸象被赞扬而高兴。亲爱的女士们，当你遇到一名垂头丧气的男人时，只需将他所取得的成就说给他听，他就会振作起来。如果你们刚刚认识，你可以恭维他的身体特质。“你的胳膊好健壮啊”，肯定他的阳刚之气。问他是怎么做到的，并尽可能地以此表达对他的钦佩。

我承认：这当然只是一种泛泛情况，不可能适合所有人。但这不要紧，尽管如此，它们还是有效的。在我将某人引上舞台时，我一开始对对方也是一无所知。我用我模糊的预先猜测摸索着向前推进。

这些框框的有趣之处在于，我们有一个计划。我们大脑中有个支点，就像我们接近某个陌生人时所表现的那样。有事干会给我们安全感，我们散发出这种安全感，这使我们富有吸引力。

这些诀窍的很大一部分可以使每个交际情景都变得更加成功。在人际领域里，恭维、赞同、肯定、身体语言都要比事实性知识重要得多得多。记住，人类是情感类物种。

你与新欢第二次或第三次见面时可以使用下面这个脚本。即使你和伴侣在一起已经很长时间了，这个脚本也会激起新的激情。你不必逐字逐句地记住这个脚本。读几遍，直到将其内化，原则很简单。然后用你自己的话说出来即可：

·性爱玫瑰（6号脚本）

闭上眼睛。我希望，你将注意力集中到你身体所感受过的最美好的感觉上。你不需要告诉我那是什么，但你要完全专注于此。感受这种感觉是如何变得越来越强烈的，将注意力集中到身体中能感受到这种感觉的地方。这种感觉的温度如何？这种感觉是如何在你身体中游动的？如果你能完全感受到这种感觉，就点个头。

（等待点头）

非常好。你已感受到这种感觉了，那你准备赋予它什么颜色呢？

（等待答案，使用提及的颜色）

现在看着这种颜色，观察这种颜色是如何在你身体中游动的，它是如何发散到你整个身体里面的。让颜色变得更加明亮，更加强烈。感受你的感觉是如何也一起变得越来越强烈的。如果你能感受到这种颜色，那么点个头。

你现在想象我手中拿着一朵（相应的颜色，例如黄色）黄色的玫瑰。这朵玫瑰里面全是你的这种感觉。我用这朵玫瑰触碰你的身体，每个被触碰的地方都会充满这种感觉，就像有趣的鸡皮疙瘩炸裂一样。我现在用这朵玫瑰触碰你。

（从肩膀开始，然后轻轻地擦拭和触摸整个身体，最后是脸。如果你想引起强烈的性爱反应的话，则轻轻触碰对方的嘴

唇并靠近到离敏感区只剩几厘米的地方。轻柔的、缓慢的触碰会提升感觉）

我现在想让你感受一下，玫瑰进入你身体深处时是什么样的感觉。深吸气，我会在你下次深吸气时将玫瑰放入到你身体深处。

（这是个很强烈的性联想。将你的手轻轻地放到对方的腹部）

在我的手下面，这种能量变得越来越强烈。

（对整个身体进行轻柔的按摩）

伴随着我每次的触碰，你全身会感受到这种美妙感觉。一种乐趣的微微炸裂感……

（这是针对所有触碰的带有超级暗示的锚定）

已经生活在一起较长时间的夫妇可以从下面的脚本中有所收获。可以在入睡前非常轻松地将这个脚本读给对方听，最好是每天。你们也可以一起写下这个脚本——想想书写会带来什么样的效果。接下来，你们可以将这个脚本挂到床头的合照旁，并反复地读。如果你什么时候对此失去了乐趣，你也可以一边想着你的伴侣一边自己读。这会将你的潜意识引向快乐方向，并且你会更快地获得好心情。

无论如何，性是一种恍惚。我们在这一过程中专注到一件事上。也就是说，伴侣们在交欢时会相互催眠。通过眼神，通过话语，通过触碰。

·*你的伟大的爱（7号脚本）*

我是你真实、伟大而又无尽的爱，我们将一直并一再享受我们生活中最令人难以置信的性。我们共眠时间越长，我们去爱对方、享受对方的渴望就越强烈。

我们体验新层次上的温柔、心醉神迷和渴望。它们在被体验之后变得更加强烈，在被渴望之后变得更加深刻。乐趣、美好与满足的炸裂。

我的每次触碰和手的触摸使你的身体更加敏感，并提升你内心的乐趣与快感。

你的心灵在我们做爱的过程中充满了享受、爱和吸收一切、享受纯粹满足及释放激情的感觉。

我们对彼此的渴望每一刻都在上升，变得越来越大、越来越强烈与深沉。我们的皮肤、我们的灵魂、每一块肌肉、每一个肌腱、身体的每一个神经都充满了乐趣、激情、欢乐与舒适。我们的躯体融为乐趣的一体。

我们的交欢时刻是无尽的。即使我们活上千年，我们每次仍会体验到爱的欢乐、心醉神迷与无尽的乐趣。这个黄金时刻是无与伦比的，并且每次之后都变得更加美丽与更具有活力。

Chapter **12** >>>

不是巫术：
占星、占卜及塔罗牌如何起作用，象征如何能将我们引入内心深处和过往生活

你是否碰到过真正的幸运星？或某个凭空出现并轻松化解危机的人？我曾在某个特殊的日子经历过这种事情。那是在柏林的户口登记处，我准备在那儿做该做的事情：我想娶我的女友。就在官方仪式马上就要开始的时候，户籍管理员忽然轻咳一声说道："贝克尔先生，我看到你的主要居住地是萨尔布吕肯。"我愣住了。萨尔布吕肯？我父母的居住地？这肯定是个误会。我困惑地回答道："不，为什么这么问？我住在柏林好多年了。"户籍管理员耸了耸肩说道："很遗憾，你登记的第一居住地不是这儿。所以很遗憾，我不能为你证婚。"我变得焦躁起来。我的（遗憾，这时还不是）妻子瞪大眼睛看着我，双方的父母看起来都很吃惊。我的父母是专程从萨尔州赶来的，我已经有20年不住在那里了。每次换住所我都进行了正式申报（至少我是这么认为的），然而我忘了在萨尔布吕肯申请注销住所，我原以为这会自动注销的。就在我要瘫坐在地的时候，户籍管理员告诉我：“你现在快点去户籍登记处，或许还能及时处理这件事。”我的心怦怦直跳，马上就出发去户籍登记处。时间不多了，因为半小时后就轮到下一对证婚夫妇了。幸运的是，户籍登记处在同一楼层，但当我赶到那儿的时候，我被吓坏了。前面有150个人在排队，150个！不过在我还没来得及绝望的时候，门开了。一名年龄稍大的女士走了出来，她将一个号码放到我手里：“给，年轻人，我不小心取了两个号。”她就像“实现别人愿望的瓶中精灵”那样离开了。

我马上就被叫到号了。这绝对是非常幸运的事，否则婚礼就无法当天进行。那一刻我决定：我也要这么做，我想将这种幸运传递下去。自那之后我都会在办事处取两个号，并在离开时将第二个号交给那个刚刚进来的人。以此在这个人的内心激起一种幸运感，而且这种感觉会传染。你也可以试一下，你会惊讶于做幸运星的良好感觉。

不过我的目的还在另外一些事情上：假设我刚刚以这种方式使某人感到非常幸运。再假设这个人相信星象的魔力，并且他早上察看过今日星象，星象上可能写着：“今天是你的幸运日。”这种情况下，这个人肯定会将预言与我的令人惊讶的出现联系在一起。相反，如果星象上说：“今天你会遇到一些困难。”那么号码这件事可能会被当成例外。即便如此，这个人也会在这一天中的其他地方找到星象所预言的困难。因为谁在寻找（困难），谁就会找到（困难）。

星象如何成真

现在可能很少有人真正相信日报上的那些星象。但同时也有很多人会让专业的占星学家进行占星或者让人用塔罗牌占卜。他们会坚信这些预言，不只是因为他们为此付了钱——古老的原则：我做出了牺牲，为此我也就期待得到一些东西。他们首先是在自己的身体上体验过这些预言，并得到了证实。

我承认，尽管我每天都会从另外的、分析的角度观察这些基本的心理机制，但我自己对这些事情也没有什么抵抗力。例如我在中国传统中的属相是兔子，2011年是我的本命年，我在这一年年初时读到：你必须穿戴红色，这会给你带来幸运。我坚持了这一点，我身上总会带点红色的东西，即使有时仅仅是条手帕。这给了我一种这一年会流年顺利的确定感，这个红色细节会唤醒我的这种确定感。这一年对我来说确实是非常成功或幸运的一年。我进行了很多精彩的演出，我的第一本书出版了，当然最美妙的是我儿子出生了。

占卜者、占星家和塔罗牌占卜者所说的话起到了一种暗示效果，这种暗示重新影响了人们的潜意识。

这些人很可能是从基础学起的，并且也对占星术等深信不疑。并不是所有的占星家和占卜者都是赚取顾客金钱的骗子，预言成功的诀窍也不在于“预言家”，是他们的顾客使这些预言成真。

例如人们会自动地将平行发生的事件联系在一起，即使这两件事没有什么关系。正面的星象将会同正面的事件联系在一起，负面的则会同负面地联系在一起。这种心理现象绝不仅仅局限于密传世界。

你或许还能想起萨达姆·侯赛因（Saddam Hussein）被捕的那天，西方股市市值在那一天忽然冲得很高，人们将原因归于这个独裁者的被捕。人们设想，也许是投资者们现在有了更多的信心。不过随后几个小时市值开始下降，国际头条又立刻写道，人们无法预估是否会再次发生战争。

其实，萨达姆的被捕对股市毫无影响。股市的波动是建立在对企业活动的观察上的，政治的发展当然会阻碍或鼓励投资者将其资金投入到某一国家或某一经济领域，但它们对股市的影响是延时发生的——政治事件在被意识到的当天是不会有任何影响的，更别说在短短几个小时之内。

人们在20世纪40年代的时候做过一个非常有意思的实验，这个实验生动地表明我们幻想了一些并不存在的关联。当时一位心理学家制作了一部动画片，动画片中一个正方形紧挨着另一个正方形。

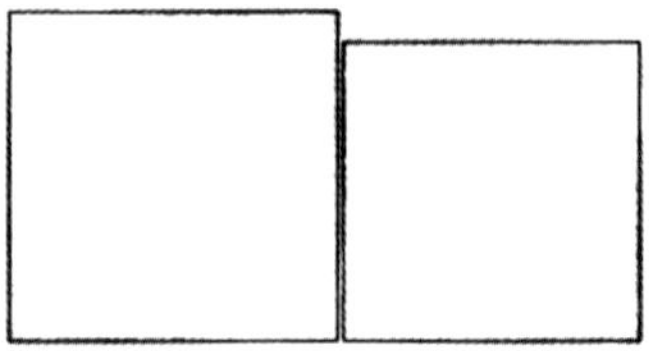

观看者说，一个正方形推了另一个正方形。事实上，一个正方形当然不会去推另一个，两个图形都是画上去的。

在另一部动画片中，心理学家在第一幅图画中画了一个有一个开口的长方形。它旁边有一个小三角形，一个大三角形和一个小圆。在第二幅图画中，大三角形离小圆更近一些。在第三幅图画中，小三角形处在了大三角形和圆的中间。在最后一幅图画中，小圆进入到长方形里面，小三角形在长方形开口处的里面，大三角形在开口处外面的正前方。

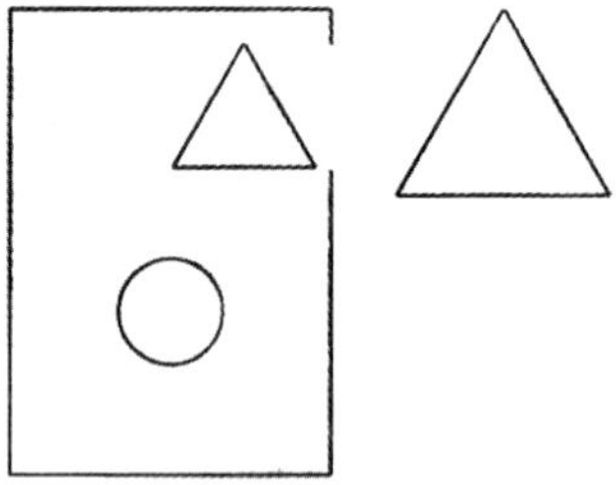

观看者从这些完全抽象的形状中创造出了一个故事：小三角形是母亲，小圆是她的孩子，大三角形是个残暴的男人，母亲需要对抗他以保护自己的孩子。观看者只是看到了几个几何图形而已，却幻想出了动画片中图形位置变化的背后原因。

就像我们将抽象的图形和故事联系在一起那样，我们也常常将星象及其他预言同我们的生活联系在一起。

我们内心的图像世界

占星者或是用塔罗牌占卜的人做的也是暗示的事情。他们不说明具体地点、具体时间、具体名字，他们有意识地保持模糊，以使自己说的话原则上适合于每一个人。

这项技术被称为冷读术，因为它可以“冷冷”地运行而不涉及某个具体人或能够对某个具体人进行评价，有点像打电话一开始时说的话。例如典型的冷读术话语有：“我觉得你总是对自己有些过于严苛”，或者“我认为你有个还没实现的梦想”，或者“你有个隐藏的才能，这个才能只有你自己知道，并且你向世人隐瞒了这个才能”。对方会去寻找这些东西，并在生活中找到相应的确认。这是一种启动，它会加强占卜者的可信性，占卜者随后所说的所有东西都会显得更加真实。

另一种比较流行的做法是，说很多正面的事情，中间也会提及一些负面的事情。这使预言更加可信，因为预言者摆脱了只想讨好对方的嫌疑。

此外占卜者会听出对方泄露的关于自己的信息，并抓住这些信息。大部分占卜者都有一种很好的、本能的知人之明，他们能马上看出对方是莽汉、自恋者还是腼腆的“墙边之花”。

我了解所有这些技术与技巧。我曾在一次电视实验中用一周时间将一名年轻的女士训练成“占卜者”。她在实验的最后要同一名自认为是职业预言者的女士进行比赛。

我首先训练这名年轻女士的直觉。她必须本能地对街上的陌生人做出评价。然后查看她的这些预测是否正确。我教她冷读术并再三提醒，永远不要太具体，话语要停留在象征层面上，抛出一些对方能够以此编制意义的想法与图像。不过重中之重是要相信自己的感觉，要像帮助朋友那样帮助对方。

不要指明确切道路，而是让对方自己去寻找答案。如果有人问：“我真的需要移民阿根廷吗？”那么她应该像资深的心理学家那样反问：“是什么使你有这种想法的？做些什么可以使这件事情显得不错？”这打开了咨询者的想象。

我的这名业余占卜者用这套柔和而又全面的方法将那位专业人士打得落花流水。她正确评估寻求帮助的人并将其引向正确的道路和未来，尽管她本不该声称自己能预知未来。那个所谓的真正占卜者却只会用些熟记的表述，还经常出错。

这项实验表明：能够预知未来的占卜术是不存在的。但如果是个有天赋的人小心地使用这些占卜技巧的话，那么这些技巧会起到治疗作用。它们可以很柔和地将那些寻找答案的人引向正确方向。

例如塔罗牌图像可以有不同的解释。图像在观看者那里会引起不同的想象，观看者因此也会踏上不同的追寻之路。象征死亡的骷髅在很多人那里首先会引起恐惧。但稍微思考一下，你就会突然明白，生活中的某些东西早就有了死亡的意义，比如只是表面和谐的关系或不能带来任何乐趣的工作。对于这些认识，每个人会有不同的反应，有些人会忽然醒悟并结束这些事情，有些人会猛然决定主动使自己在某些领域重新充满活力。

就连著名的精神病学家及分析心理学的创立者卡尔·古斯塔夫·荣格（Carl Gustav Jung）也认为，所有问题的答案都在我们内心，我们只需要找到将我们引向答案的图像与联想即可。

目前占卜所面临的问题是，没有统一的、可信的面向占卜者的培训。每个人都可以用塔罗牌占卜，每个人都可以用水晶球预测，每个人都可以用字母卡测算。我们并不知道我们咨询的那个人是个有天赋的善于识人者，还是个引起我们恐惧然后只想诈取我们金钱的江湖骗子。

为此我建议不要盲目信任陌生人，因为后果可能无法预估。还有另外一条路，你干脆成为自己的占卜师。

你可以从下面的练习开始，当然也可以和一位男性或女性朋友一起尝试。你可以在外面做这个练习，但不一定非要到旷野里去，因为有可能正在下雨或下雪呢。只要你能在放松的状态下想象云彩就可以了。

· 读云（8号脚本）

你在寻找某个问题的答案？

在某个多云的日子里到旷野中去，

闭上眼睛并静静地提出你的问题。

然后睁开眼睛。

你看到的第一朵云里面就有你的答案。

看清它的形状，

想一想，它会对你说什么。

比如，你的问题或许是：我的工作没什么进展，我该怎么办？你现在恰好从云中看出了一条狗。你自问：这和我的工作有什么关系呢？不过你会想起，狗听从主人的安排并执行命令。你断定，这个图像准确地说明了你在工作中的行为。或许你应该独立一些，或许你需要一份新的工作。你的感觉会告诉你答案。

在我用这个小小的暗示对人催眠时出现过非常奇怪的东西。例如“蛋糕”。有趣的是，人们开始想，我是这个蛋糕的一部分？整体的一部分？我有什么特别的天赋——很甜的一块蛋糕——还没有发挥出来？这意味着什么？我们以此通过图像进入了潜意识。

象征为我们指明道路

隐喻和象征还在另外一种状态中起到决定性作用：在人类的睡眠中。睡眠包括REM阶段，也就是眼球快速运动阶段，这与大脑活动的增多有关，这个阶段也是做梦阶段。人们已经确定，子宫中的胎儿和新生婴儿几乎都是在REM睡眠中度过的。科学家们猜测，宝宝肯定已经具有了意识和潜意识，而且这些能力是遗传的。人们一直认为REM阶段被用于对清醒中的信息进行潜意识处理。我们在睡梦中处理一些白天遇见并研究的事情，它们以图像的形式进行，因为图像是潜意识的语言。REM阶段开始于夜间入眠后的5~10分钟。我们睡得越久，REM阶段也就会越长。一个成年人每晚总共大约有104分钟在REM睡眠中度过。不过沮丧的人的REM阶段会格外长，大概是因为他们有太多的信息需要处理。它的代价是占用了别的使身体得到修复的睡眠阶段，因此沮丧的人早上醒来的时候常常感到精疲力竭。

吸引人的是：催眠中深度恍惚的标志也是REM类型的眼球运动。潜意识在这种状态下被大大打开并很容易被影响，催眠的影响也会加深与持久。不过我们也可以在放松的清醒状态下通过图像进入并影响潜意识，这些图像搭起了一座通往我们平时无法进入的领域的桥梁。

内心图书馆管理员

我在第一本书《我知道你的秘密》中介绍过内心图书馆管理员，他就像个乐于助人的小随从生活在我们的内心。他可以说是你的私人催眠理疗师，一直在你身边，而且只对你负责。这个图书馆管理员象征着你的潜意识，他管理着潜意识并且了解存放在那里的每一条信息。他除去旧书上的灰尘，并像呵护眼睛一样呵护它们。他也知道去哪里为你的每个问题寻找答案，有时需要几分钟的时间，有时要整夜工作并在第二天将答案呈现给你。顺便说一下，你当然也可以将管理员想象成一名女性。

你可以向管理员咨询任何问题，如果你想要得到快速答复的话，你得将问题表述得尽可能具体。例如你问："我要搬入今天看过的那个新住处吗？"他非常准确地知道去哪里查阅：在那个存着保持长期舒适感所需要的所有东西的藏馆。例如充足的空间、光线、一个花园，等等。像"我应该结束这段关系吗？"这样的问题就比较棘手，不过对于这样的问题，他也能在放松的状态下顺利找到真实答案。问题越深，放松就越重要。因为只有在这种状态下，代表恐惧的警报系统才不会被拉响，我们的管理员才不会被迫离开图书馆。

如果你对生活中到底有什么不对劲不是很清楚，而只是感觉有些不太对劲，那么你的问题可能是："我为什么觉得这么没有动力？”这时寻找答案的过程可能会长一些。管理员必须在不同的藏馆尽可能仔细查找并给出解决方案。

事情并不是总能成功，我们得对答案保持敏感。不过在做这个小小的联想活动时，你会发现，你会越来越频繁地突然获得让人觉得100%正确的认识。秘密之一就是，你完全放手并把问题交给图书馆管理员。停止苦思冥想，相信答案会在某个正确的时刻展现出来，这会释放大量的能量，并给你腾出时间处理其他重要且美好的事情。

当然也有一些你的潜意识不能自动给出答案的问题。例如你想买一辆新车，而你内心图书馆的“汽车与科技”架子上却空空如也，这时图书馆管理员是答不上来的。此时你首先得检索，补充信息，并对排气量、汽油消耗表、税率表和保险等级进行比较。即便如此，你的图书馆管理员对你还是有帮助的。因为他会将你引向重要的信息，向你呈现有意思的报刊文章、图书和海报。心理学家将这个过程称为选择性感知，这也是潜意识众多知觉能力中的一种：你的感知焦点会自然而然地落到与主题相关的所有事情上。即使你先前没有注意到，现在你周围世界中的一切都好像忽然开始围绕着汽车转。

如果你愿意，你也可以为内心图书馆雇上几个人，每个人负责不同的问题范围。我有一个负责处理像“我是去马耳他，还是去马尔代夫度假”这样简单问题的图书馆管理员；同时我还雇了一位聪慧的女士，她负责处理会有深远影响的事情，例如那些涉及爱情关系或职业选择的决定，她非常细致、有责任心，为此也就比同事需要更长的时间才能呈现答案；全能的领导位于第三个层面，他不愿意被琐事干扰，他只研究大的哲学问题：生活是由什么组成的？爱情是由什么构成的？

在你的图书馆管理员一直忙活的时候，“局外人”有时也可以在某些问题上有所帮助，例如魔鬼。但请你不要害怕：

· *会见魔鬼（9号脚本）*

想象你在一个游乐场。

你从某个旋转木马旁边经过，并且在其后面看到了一扇锁着的门。

门框的左右两边吐出火芯。

你很好奇并打开了门。

火芯消失了，但你看到面前有一个向下的台阶。

你逐阶而下。

那里很黑，但很暖和。

你走的越深，那里就变得越热。

你突然到了一个充满无价之宝的宝库之中。

你可以从中挑选两件宝贝。

你把它们拿在手中。

记住你挑选的宝贝。

现在转身——你看到了魔鬼。

他影影绰绰地站在你面前，他有一个带角的脑袋，穿着白色大褂和红色鞋子。

你问："你有什么要告诉我的？"

魔鬼指出了你身上一件积极的事情。

然后是一件消极的事情。

你可以将消极的事情落在魔鬼那里，因为这是他想要的。

然后你带着你的宝贝拾级而上。

魔鬼可能会告诉你"你太烦躁了"或者"你并不是永远诚实"。那么你现在可以思考一下如何减少烦躁，或者你为什么时不时地撒谎。你选的宝贝也是有含义的，如果宝贝是个高脚杯，那么你可能得考虑用什么来填满它；如果是一条闪光的项链可能意味着，你觉得生活太无聊了，你想要做些让人激动的事情。答案在你心里，找到它们。如果你觉得魔鬼太过阴森，那么下面的联想活动可能会适合你……

· *会见指导灵（10号脚本）*

你在一个非常漂亮的公园。

你看到面前有一条小河。

上面有一座桥。

你从桥上穿过。

你的指导灵就在另一侧。

你可以向他提任何问题。

你问了什么？

他的答案是什么？

指导灵可以是男人或女人，可以是某种动物或神秘生物，可以是去世的亲人或名人。他的答案可能是种象征：或许他指向公园的某个东西，或许他只说了一个单词，他也可能是用手势给出回答。你不要惊讶，邀请他去拜访你，在你白天或晚上的梦中。如果你是将这种暗示用于自己的话，那么在入睡前做这些暗示是比较理想的，因为那时你已经处在半催眠状态。

如果你觉得被自己的问题压得喘不过来气的话，下面的冥想可以起到减压的效果：

· *气球（11号脚本）*

闭上眼睛。

想象那些你想要摆脱的事情：某个问题，某种恐惧。

想象你手中有一只气球，气球拴在一根小绳上。

给气球充气——用你的问题给它充气。

把整个问题都充到气球里去。

一直到所有的问题一点不剩为止。

现在放开气球。

盯着它，看它如何飞往空中。

它慢慢变成了小点。

然后消失了。

气球飞向了宇宙，炸掉了。

现在该宇宙来操心你的问题了。

这样，你就可以通过放飞问题放松下来了。而且很多情况下，这可以使你获得一种直觉答案。

在爱情问题上你也可以得到一些来自天空的帮助。例如爱情问题方面有拉斐尔天使。

·给天使打电话（12号脚本）

闭上眼睛。

拿起巨大的金制电话并拨通天使拉斐尔的电话。

提出你的问题。

例如："亲爱的拉斐尔，我想知道，我的热恋是否是一时的激情。请你给我点指示。"

你的第一个想法就是答案或者指向了答案，这可能是一种相当抽象的想法。例如“苹果”这个单词，你可以对其深思，某个时刻答案会自动浮现。苹果可能指向种着苹果树的大花园，这个大花园坐落在房子后面，你曾在这个房子里长大，并且你在那里感觉特别惬意。或者苹果在你内心引起你对《白雪公主》这个童话的联想，童话中继母用苹果毒死了继女。或者你想到了你最喜欢的糕点“苹果馅饼”。

即使我们动用了天使，这也与宗教扯不上什么关系，而是像其他情况那样，我们以此让潜意识用图像说话，并且使潜意识通过这种观想有了一个传声筒。这个传声筒将会给你答案，请你相信这一点。不过有时候我们是在我们的过往中找到答案的。

坐在过往生活中的某个公园长椅上

“我有时问自己，我今天对火的恐惧是否和过往的某段生活经历有关。”当某人对我说出类似猜测时，我的直觉回应可能会是：胡说八道！根本就没有过往生活。

不过，首先我对此没有100%的把握。其次，我以此马上建了一道围墙并扼杀掉了任何建构性的想法。因而我宁可说：“让我们瞅瞅。”我接纳了对方的思维模式并参与其中，然后我们一起踏上寻找吸引人的知识之旅。因为回溯总是很吸引人的。

有一次我带着我的妻子进行回溯，她非常清晰地看到，她自己是一个戴着平顶帽的9岁小男孩，正躲在某家剧院舞台后面。她在那里负责一些事情，像拉下幕布或干一些跑腿的活。对她来说，看到另外一个曾经的“我”是一种无与伦比的体验。

我不是很确定，我自己是否相信有过往生活这类东西。但我对宇宙中没有能量会消失的说法是肯定反对的。这是一种物理定律。因为这种定律的存在，我们的原子以另外一种连接形式存在着。可能是以石头的形式，可能是以植物的形式，可能是以动物的形式。事实上，人们是否真的相信过往生活，或者认为回溯时是我们的想象力在发挥作用，这都无所谓。不管怎么说，总是有某种信息隐藏其中。

不过回想不是马上就会成为回溯的。人们在催眠治疗中进行回溯时通常是有个时间线的，也就是说，被催眠者的生活是一步一步，一年一年进行回溯的，是以快动作的形式让他越来越年轻的。并在某个时候到达出生点，然后再进一步回溯，从而进入更早的过往生活。使用时间线技巧的问题是，被催眠者可能在生活的某个时刻经历过精神创伤。人们在进入过去的旅程中肯定会经过这些精神创伤，这些创伤可能会被激活。这些创伤在催眠治疗中是很有价值的，它会提供一些人们现在要直接对其做出反应的有价值的认识。

如果人们只是想和好奇的朋友一起做一次舒适催眠的话，就像我在下一章中要教给你们的那样，那么这里的要求就有点过高了。在娱乐性而不是治疗性的舞台表演中碰到创伤也不是太好，因为私人创伤并不与观众中的每个人相关。因而我使用了另一种回溯方法，这种方法可以不使用时间线——我想到了“公园长凳”这个想法。

我通过讲一个简短的故事使对方获得一种直接进入过往生活的捷径。我利用了故事也可以催眠这个事实。我们童年时都体验过这个事实，那是在我们全神贯注倾听某个童话故事并沉浸在想象世界的时候。我使用下面的脚本进行回溯，原则上我催眠时也使用下面的脚本——不过这个也不是必须的，就像我曾说过的那样，催眠状态会通过观想自动出现：

· *进入过往生活的道路（13号脚本）*

闭上眼睛。

你处在一栋较高的楼房上。

你从那儿看到一条通往树林的蜿蜒小路。

你顺着一个螺旋楼梯走了下去。

越走越低。

一个楼层接一个楼层。

直到到达底层。

离开楼房，并朝这条小路走去。

沿着这条小路走。

不久你就看到了一个公园长凳。

坐上去。

深呼吸。

让所有的焦虑逃走。

现在继续走。

你看到了一栋房子。

门是开着的。

进去。

你在房子里看到了两样东西，一个动物和一件物品。

你能看到它们吗？是什么？

你看到房间的尽头有一扇门。

过去并打开它。

门槛就是通往过往生活的门槛。

迈过去。

对这个脚本可能需要解释一下。我们假设对方是个害怕火的女士，她的想象力通过对楼房和小路的观想被激活。公园长凳象征着休息之地，所有的紧张都在那儿溶解并被内心的宁静替代，这会加深放松。现在我让这位女士继续前行，她在房子里发现了“动物”和“物品”这两样东西。我问：你可以看到这两样东西吗？我用这个问题进行测试。如果她做出了肯定回答，并且说出了动物和物品的名字——例如一只猫和一个球——那么我就知道，她已完全进入观想之中并且处于催眠状态了。

现在，我让她观想一扇门，她打开这扇门并穿过去，里面就是过往生活。吸引人的是，那里发生了什么？这位害怕火的女士看到，自己是名女巫并且坐在火葬用的柴堆上被焚烧，她的恐惧症在这个幻象之后消失了。

虽然我在这过程中让对方进入了催眠状态，不过这个故事在其他任何放松状态下也是有效果的。你可以将这个故事用于自己的观想，或者读给你的朋友……你肯定会对出现的结果感到惊讶。

我现在向你解释真正的催眠是如何运作的。

Chapter 13 >>>

看着我的眼睛：完整的催眠指南

我在这一章里将一步一步地教会你如何催眠别人。我是在安东尼·雅关（Anthony Jacquin）那儿第一次体验到这么简单的方法，他是我们这个时代最好的催眠师之一。这种方法很棒并且适合任何一种情景，你肯定已经看了书中介绍过的很多原则，你的第一次自我催眠也不会有任何阻碍。尽管如此，我还是有个请求：对自己要有耐心。

你或许已经读到或听说过我在柏林的那次大众催眠，那是2012年4月在波茨坦广场上进行的，我在一分钟内使50名志愿者进入了催眠状态。你刚开始学习肯定不会这么快，要想着每个小步骤。不过你积累的经验越多，就越容易成功。我向你保证。

你可能很快就得出英国著名催眠师乔纳森·蔡斯（Jonathan Chase）那样的结论。他曾经说过："我作为催眠师经常被问道：‘催眠，真的可能吗？’我早就不再思考这个问题了，因为无论如何有一点是肯定的：它很吸引人。我只想用吸引人的事情度过我的生活。”

科学在此期间也已证实，催眠不仅是可能的而且非常平常。不过对于蔡斯、我以及其他催眠师来说，催眠魅力仍然不减。催眠是个像“爱情”一样强大的词汇，它包含强大的暗示性力量。只要我一提到“我是催眠师”，别人的脑中就会燃起想象的火焰，一种生动的、可以描绘出所有可能的想象。

那个艺术家的名字我已经忘记了，他在某天晚上出现并在我脑海中引起这种火焰从而改变了我的生活，我只记得，那是个像范·海辛（Van Helsing）或诸如此类神奇的笔名。我在那个晚上认定，我们确实可以通过催眠使人感到乐趣和幸福。我忽然明白：这就是我想做的事情。

不过遗憾的是，随着时间的流逝，我发现并不是所有催眠师都有这种相同的动机，某些催眠师的幽默确实相当笨拙。一位美国催眠师曾在表演中对一名女性观众暗示：“我把手伸给你的时候，你会获得一生中最美妙的性高潮。一种你从未有过，将来也不会有的高潮。”这真的有效果，她完全沉浸其中。对此，我只能摇摇头并且想：以后每当这位女士和她男朋友或老公交欢时，她都会问自己：这次和那次的高潮一样好吗？那次是不是还有更多的内容？诸如此类的事情会摧毁她与伴侣之间的关系。如果是我，我宁可用催眠来做些美好的事情，我不会不得体的制造笑声和展览别人，在我看来，这已经越界。

因而在讲解指南之前，我想就某个重要的主题说几句，就当是个说明书吧。

催眠师的责任

我年轻时就已通过表演收获了很多赞誉，但我那时也注意到，有些人会同我保持一定距离并避免直视我的眼睛。我猜原因可能是他们担心我会用眼神使他们中魔，我在16岁第一次遇到催眠师的时候也无法控制这种抵制反应。在你开始催眠时可能也会发现类似情况。

催眠因为富有魔力效果而引起人们的恐惧是相当自然的事情。有些人担心会因失去控制而在催眠中做一些他们不愿意做的事情，这种担心也是非常正常的。但需要明确的是，那些不想被催眠的人是无法在公开催眠中——例如舞台表演或催眠治疗中——被催眠的。就如看牙医时：牙医让你张开嘴以便治疗，而你却紧闭嘴唇，牙医是无法实施治疗的（只有在隐秘催眠中情况是完全不同的，就像你在第一章中看到的那样）。那些内心抗拒，非常害怕或者干脆不相信催眠师的人是无法被引入恍惚状态的。事情就是这么简单，对无法从催眠中醒来的担心也是没有根据的。就像我们经过最长的睡眠之后总会在某刻醒来一样，每个人都会从催眠中醒来。没有人会永远停留在像吸食LSD（麦角酸二乙基酰胺）或其他毒品后产生的恍惚梦幻世界中的，因为催眠中的“毒品”仅仅是我们的大脑，或者更确切地说，是我们的潜意识。催眠师以此进入我们最重要的控制中心，巨大的催眠潜质就在那儿——因为我们可以在那儿铲除问题的根源或者获得使生活更富吸引力的难忘经历。

不过这里也可能存在着风险。正因如此，作为催眠师需要承担着巨大的责任。“人们在催眠的恍惚之中只会做人们在清醒状态下也会做的事情”这种说法不完全正确，即便是专业人士也一再如此声明。他们可能具有太少的想象力，甚至某人非常稳固的道德基础也可以在催眠中被简单的技巧突破。催眠师只需要将情景框架进行修改，使催眠师想要的行为符合被催眠者的道德观就可以了，这样催眠师有意识地创造了一种社会学家欧文·戈夫曼（Erving Goffman）所提到的“框架错误”：如果催眠师成功地使被催眠者认为，自己是某部动作影片中的演员，而自己手中的手枪装的是空弹，那么催眠师会使最爱好和平的人成为谋杀犯。因为人们在“电影拍摄”这个框架中只会做模仿的，但不真实发生的事情，这会使被催眠者放下道德约束。或者催眠师使被催眠者相信，自己被一只饥饿的老虎抓住，因而必须保护自己的生命。催眠师也可以向一位女士暗示，他是她的男朋友，并且他们现在独处在家中卧室——你可以想想，在这些暗示框架中会发生什么。

在恍惚状态中唤起这些暗示并不是难事，特别是在只有你们两人的催眠时：一定要小心！

亲爱的读者，我假设的前提是，你们没有这样的错误想法。催眠师担负着不滥用自己身份优势的巨大责任。你是一位老师，其他人是你的被监护人；你像一位母亲，而对方是你的孩子。人们信任你——你应当胜任这份信任。一旦你毁坏这份信任，你将无法摆脱这一污点。反之亦然，对方对你拥有越多的信任，他或她就越放松，催眠就越容易成功。现在说一下作为催眠新手的你必须注意的黄金戒律。

黄金戒律

戒律1：首先催眠陌生人

与催眠初学者相比，著名的舞台催眠师有着绝对的优势：他的能力一开始就被预设了。当你看到一张写着“伟大的赞帕里尼，世界上最好的催眠师”的海报时，第一个暗示就发生了。这里的假设是：如果这个赞帕里尼水平一般，他不会出现在这里，他也不会巡演，因为没有人会邀请他。这个伟大的赞帕里尼在登上舞台之前就已获得了主场优势。如果你是第一次尝试实施催眠的话，很遗憾，你是不会有这种事先称赞的。

相反，如果人们知道你是初学者的话，那么结果更可能是：你可能不会太成功。

因而对那些不知道你是初学者的人进行催眠最简单。例如理想的候选人可以是某个聚会上的朋友的朋友，街头聚会中住得较远的那个邻居，火车上坐你旁边感兴趣的陌生人。你直接说，你学催眠已经有一段时间了。最好的情况是，对方发自内心的好奇并请求你演示一下，没有比这更好的前提条件了。

如果你在陌生人那里催眠成功的话，那么接下来应该开始对朋友、伴侣或家人进行催眠了——在第十四章里我还会再讲。你要牢记，这些亲密的人常常会因过多怀疑而很难完全放下自己，他们将你看成朋友、女儿或儿子——而不是催眠师。如果不成功的话，你可能会丧失勇气。但我向你保证：原因不在你，你再尝试一次，很快就会成功的。

根据我的经验，初学者最容易成功的情况是，他周末外出并对偶遇的酒吧熟人说：我是催眠师。他们肯定无法摆脱而成为自愿者，在此我要特别强调第二点：

戒律2：永远只催眠自愿者

任何情况下都要只对那些发自内心愿意参与的人进行催眠。催眠永远都不要成为一种强迫或长时间的说服，不想被催眠的人永远不会被顺利催眠（在这再说一次：隐秘催眠除外）。另外，请不要催眠孩子。我的简易法则是，我的参与者至少16岁，最好18岁或更大一些。这是出于自我保护：如果你催眠了一个9岁的孩子，而这个孩子第二天又恰巧尿床了或者表现出其他的奇怪行为，那么虽然这与你的催眠没有什么关系，孩子的父母也会要求你对此负责。根据我的经验，18~60岁的人最适合被催眠，此外还有那些有过催眠经历或冥想经历的人。

戒律3：精通你的脚本

这是需要极大耐心的部分，你必须排练，就像演员那样。最好把每一个步骤和要说的话都训练好，一再训练，就像做专题报告那样。你可以把玩具熊当作“假人”用，我年轻时敢于尝试第一次催眠之前也这么干过。你必须将整个流程记在脑中，否则会运转不畅（很遗憾，带小纸条是不允许的）。

这不是说你要逐字逐句地记住我的建议，你只需要使用你自己的句子，你自己的语言即可。起到催眠作用的是意图，而不是文章：你必须说服自己，能够100%地说：我是催眠师。只有这样，你才能散发出你知道自己在干什么的自信。这种自信地散发能使对方放松到可以被你催眠。

戒律4：不要做任何许诺

私下催眠时，你的态度很重要。最好的前提条件是，你只想通过催眠进行一次有意思、轻松的谈话，不要苛求太多！反之，如果你的目标是将对方的手“粘”在对方的后脑勺上的话，那么你在起始阶段给自己的压力就太大了。

戒律5：玩个游戏

对自己说：我就是尝试一下。如果你发现有什么运转不畅，你随时可以用这种方式中断，也不用感到丢脸。永远不要忘记，原因不在你。第一次成功催眠的体验会给你带来一种奇妙的力量感，但你无论如何都要快速恢复理性。你要牢记，这不是你的能力证明，也不是你作为催眠师的力量，每次催眠都是被催眠者的自我催眠。

这是一种交谊舞，是一种和对方的想象一起做的游戏，是一种你让对方有意识体验“现实运行方式”的游戏。

戒律6：任何形式的催眠都是自我催眠

你要牢记：你作为催眠师只是打开了通往潜意识的大门，穿过大门的必须是要被催眠的人。再说一次，这个与看医生的情况很相似：如果牙医在治疗前要求病人张开嘴巴，而病人却紧闭双唇，那么治疗是无法进行的。

催眠过程——一步接一步

我常在催眠时将自己看成乐队指挥，幻想这个乐器在我要催眠的人那里，我只负责指挥乐器奏出美妙的乐章。

你应该小心认真地学习以便能够获得同样的成功。原则上来说，这是一种你想给对方带来某种难忘体验的娱乐催眠，它与你想给朋友或家人带来帮助的训练催眠差不多。我会在下一章中讲解细节部分和要注意的内容。正如上面所提，对陌生人进行的娱乐催眠最适合当作第一次练习。我们开始：

第一步：介绍自己

某种情景或许会自动出现，例如你向火车上的邻座讲了你的催眠之后，邻座发自内心地想要被催眠。如果没有出现这种情况，你最好找一个至少由两人，好点的话三人或四人构成的群体，例如在某个你并不认识所有人的聚会上。一般来说，人们在群体中更容易放开，因为他们会有安全感。你在进入这个群体时，请遵守下面三条规则：

1.进行确认。例如："你们刚才好像玩得挺不错。"或者

“这里很吵，你们觉得呢？”

2.不要一直匿名，说出你的名字：“顺便说一下，我是——”

3.说明来意。诸如：“我刚才和那边的朋友讨论能不能在这么嘈杂的酒吧中催眠某人。”

第二步：询问过往经验

直接问潜在的受试者：“你们中有人体验过催眠吗？”

这里面已经暗含着一种暗示。你通过“体验”这个词使催眠成为一种特别的经历。如果答案是“是”，那么你命中目标了。这向所有在场的人证明，催眠确实可能，也引起了他们的好奇，并为下面的一切打开了大门。即便你所面对的是没有催眠经验的人，也没有关系。

第三步：介绍催眠

你现在的任务是介绍催眠。稍微讲解一些突出催眠积极性的方面。例如催眠不是巫术，而是一种获得承认的治疗方法；催眠一直是一种吸引人的、常常让人忆起的体验。如果有的话，你可以讲讲你的第一次催眠体验。

讲讲我在本书第一章中写的东西：催眠对我们所有人来说

都是一种熟悉的、平常的状态。我们会在没有觉察的情况下时不时地进入恍惚状态：在我们因读一本书而忘记周围世界的时候；在我们坐车穿越黑夜而最后半小时转瞬消失的时候；在我们看电影或坐在电视机前的时候。

只要这个群体中的某人有催眠体验，你就要打听一下："催眠感觉怎么样？"如果对方毫不犹豫地回答"很棒"，那么这对你来说非常有利。或许会有人自愿参与，这时你可以直接进入第五步。如果没人愿意尝试，并且你的备选人显得有些犹豫，那么进入第四步。

第四步：消除恐惧

现在机灵点。你说："也有个别人对催眠有那么点顾虑。"

你在这里使用了一种暗示，用顾虑替代恐惧从而削弱了恐惧感，用"个别人"暗示大部分人对催眠持一种开放心态，害怕者只是个别人中的一员。你暗示，人们没有理由担心。不过，话还没有结束。完整的话是：

"也有个别人对催眠有那么点顾虑，不过如果自己不愿意的话，没人能被催眠，没人能在催眠中被强迫干某些事。"

"不过"这个词非常重要。"不过"清除了前面所说的所有东西，或者至少极大地削弱了它们。"不过"表明：有用的东西现在才来。

你虽然刚刚学到，催眠师可以通过有意识的、恶意的改变情景框架来使人们干一些你不希望看到的事情。但你又不准备干一些欺骗性的事情（并且从犯罪的角度来看，这里挤满了证人），所以就没有必要提及这个，这只会引起不必要的恐惧。不过你可以在成功的催眠之后讲一下这个，毕竟你不想传播任何的谎言。

然后你要说明白：

“人们不会一直待在催眠之中，一会之后无论如何都会再次醒来，就像睡了一个健康的8小时之久的觉。”

你已经发现：这里再次出现了积极暗示。这时的反应常常是：“哦，这个我得好好利用一下，8小时的睡眠啊。”你立马插话：“太好了，那你来试一下！”并用同一个音调说：“明天早上太阳照常升起！”（因为这是一个永恒的事实）

“而且每个人都可以被催眠！”

又是一个暗示。你必须将所有话的内容都表述得像是不可辩驳的事实，将这个牢牢记住，没有质疑。

如果详细讲解之后还是没人愿意参与，那么你也要接受。下次你会更有经验。

第五步：第一次测试

英语中人们将这个重要的测试称为：固定套路。

对方将从你那儿得到一系列的指示：

“请放松地坐在那儿。”（暗示1）

“请将双脚并排放在地板上。”（暗示2）

“将双手放在大腿上。”（暗示3）

“放松地往后倚。”（暗示4）

“深吸气、呼气。”（暗示5）

如果对方跟着做的话，那么他遵循你的暗示已达五次了，你已经获得了五次同意，五次潜意识的肯定回答。你可以以此断定他或她对催眠持开放心态，并且也为第六步做好了准备（如果不是这样，那么在这儿中断催眠）。

此处的小建议是：不管你说什么，都要忠于你的本性。从方式上看，有些人更像“母亲般”的催眠师，他们在引入每个指示时都说：“你可不可以……”或者“你能不能……”也有一些催眠师更习惯使用命令语气。两者都可以正常运作，但一定要符合你的类型。

第六步：制造“顿悟时刻”

现在重要的是加强对方对催眠的信任，你可以通过“顿悟时刻”来实现这一目的。

手指磁铁

暗示继续：

“像祷告那样交叉双手。”（暗示1）

“伸出双手食指，使它们看起来像V。”（暗示2）

“看着食指间的空隙。”（暗示3）

“将手指想象成两个相互吸引的强力磁铁。”（暗示4）

现在你暗示：

“磁铁相互吸引，越来越强，越来越强。它们相互吸引得越来越厉害。”（暗示5）

你在手指慢慢靠近过程中通过确认来加强暗示：“对”或“正确”或“非常好”，这会给受试者一种积极的感觉，同时这还会将你的暗示和相互靠近的手指连接在一起。

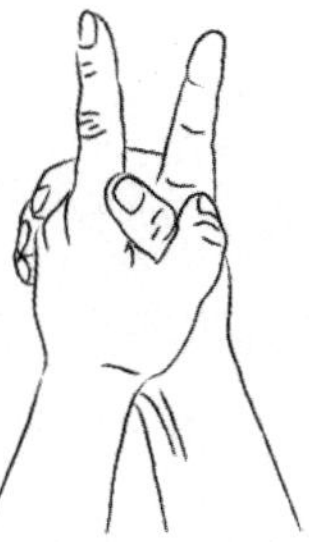

你不用担心没有效果。你可以确信，手指会干你想让它们干的事情，这是一种很常见的与你的暗示没有关系的身体反应。但对对方来说，这一刻会成为一种顿悟体验：这真的有效果啊。

对你作为催眠师的能力的信任因此也得到加强。

不过这一步也是进一步的测试，对方也可以通过有意识的努力使手指分开。如果出现这种情况也就意味着他或她是抗拒的，他或她不想被催眠。这种情况下你也应该中断催眠。如果对方知道这只是一种自动反应并以此和你对峙，那么你应该解释，他是对的，你只是想看一下他是否专注。

手磁铁

如果手指的测试成功了，就进行下一个测试。这个更具暗示性，并且不再只是纯粹的身体反应了，不过从流程上看完全一样。

“请伸出你的双手，手心相对。”（暗示1）

“想象你的两个手心中都有强力磁铁。”（暗示2）

“闭上眼睛。”（暗示3）

“想象它们是如何相互吸引的。”（暗示4）

“越来越强。”（暗示5）

不要忘了用“非常好”“非常正确”或“很棒”进行确认。

这个测试在大部分人身上都会成功。动作通过想象得以启动——人们将这称为我第六章中提到过的“卡朋特效应”，动作通过确认得到了推动。这个过程有时会持续得稍久一些，你要有耐心。

这也是你作为催眠师应具备的一项重要特质——给对方充足的时间去处理你的暗示。不是催促，而是耐心等待对方反应。万一不成功，你的受试者会进行抵抗，这意味着他对催眠没有持开放心态，你应该中断这个测试。

如果是在一群人中进行测试的话，你可以同时对所有人实施测试。从他们中间为真正的催眠挑出那个最快最没有障碍的人。现在进入下一步。

如果你还不是很确定，谨慎起见，你可以再做一个测试。

岩石与气球

“请再次坐直并闭上眼睛。”（暗示1）

“伸出你的胳膊。”（暗示2）

“右手心向上。”（暗示3）

“现在想象手心中有块很重的岩石，它将你的胳膊压向下方。”（暗示4）

“你的胳膊越来越重，越来越重。”（暗示5）

“它越来越重地向下沉去。”（暗示6）

“现在想象你的左手腕系着一根绳子，绳子上挂着一个充满气的气球。”（暗示7）

“你的左胳膊变得越来越轻，越来越轻。”（暗示8）

“你的右胳膊变得越来越重，越来越重，并且下沉得越来越低，越来越低。”（暗示9）

“你的左胳膊变得越来越轻，越来越轻。”（暗示10）

“现在睁开你的眼睛。”（暗示11）

通常情况下左胳膊会高高在上，而右胳膊会下沉得很低。如果是这样，你可以进入诱导阶段；如果不是这样，那么请中断，这不是戏剧。不是每个人每天都同样地具有可被催眠性，这与情绪有关，与某人是疲惫还是清醒有关，或者与某人脑子里装着多少事情有关。

顺便说一下：你可能会担心，某人参与只是为了捉弄你。这在一开始的时候可能会是个动机，这一过程中最有意思的是：这个爱开玩笑的人早晚会被催眠。因为在他遵从你的指示时，即使仅仅是表面上的遵从，那么他也是没有抗拒的，这已经是半催眠了。从游戏到真正催眠间的过渡只有毫厘。我们都经历过这种时刻，就是我们某一刻心情较差，也不知是什么原因，就是心情不太好。门铃突然响了，有位男性朋友或女性朋友不请自来。我们不想让朋友觉察到我们的坏情绪，然后装作情绪很好的样子，几分钟后我们发现，情绪确实好了起来。我们的心情变好了。“装模作样”就这样变成了新的事实。

第七步：诱导

我们现在进入诱导过程，并以此进入真正的催眠。你让受试者进入催眠和恍惚之中，进入到深度放松的状态，你去加深这种放松、专注、聚焦，保证对方不会再为周围的事情分神。我最喜欢使用现代催眠治疗之父米尔顿·艾瑞克森的握手诱导。它的过程如下：

问你的受试者：

“我可以借用一下你的胳膊吗？”

同时将他的胳膊从他身体上分离开来——又是一个暗示。很多人在这儿已经很自愿地伸出胳膊了，这进一步证明诱导过程也极可能会正常运行。

如果对方没有将胳膊伸给你，那么你说（就像一直那样，伴随着“非常好”和“很棒”等这样的确认）：

“请将你的胳膊向前伸。”（暗示1）

你轻轻地抓住他的手腕。

现在继续：

“看你的手。”（暗示2）

“看你手上的某个点。”（暗示3）

“你现在感受你的手是如何越来越靠近你的脸的。”（暗示4）

你这时用两三个指头轻轻地将对方的胳膊推向他的脸。不过你只是稍微帮助一下，真正的动作还是要对方来完成。

“你发现，你的视线在手靠近过程中渐渐模糊。”（暗示5）

“一旦你意识到这一点，就闭上眼睛睡觉。”（暗示6）

你这时轻柔地将受试者的胳膊压向膝部，另一只手轻轻地压受试者的后脑勺，使他的下巴垂向胸部。

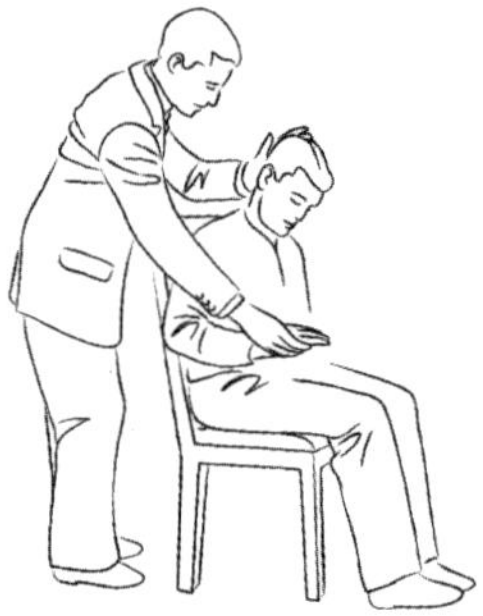

这对暗示起到辅助作用。对方实际上当然没有睡觉，但因为我们所有人都将“睡觉”与催眠联系在一起，所以这个命令起到了暗示放松的作用。

你现在继续（别忘了确认）：

“你的放松感越来越强烈。”（暗示7）

“越来越强烈。”（暗示8）

“伴随着我说的每句话，你越来越放松。”（暗示9）

“伴随着每次呼吸，你越来越放松。”（暗示10）

“我的声音越来越深地将你引入到催眠的美妙状态。”

（暗示11）

你在这儿没有必要一字不差地用我建议的这些话，文中的数字对你只是起到导向作用。相信你自己的感觉，你也可以使用合适的东西去加深放松。如果你是在一家吵闹的酒吧，你可以说：

“伴随着你听到的每个噪音，你越来越放松。”

非常重要的是：你要不停地说，让这种交流不会中断。

如果你对对方如此放松感到惊讶的话：不要让人觉察到这一点。设想一下，你是带着被催眠者进入了黑暗的地狱，你的话搭建了他进入恍惚的阶梯，如果你停止说话，他会站在那里，如果他太长时间什么都没有听到，他会再次回来。

过会儿等他进入恍惚状态后，你也可以沉默，不过现在还不行。现在开始倒计时，我一直都是从五开始倒着数。你要预先告知一下：

“我现在从5倒着数到0。伴随着我说的每个数字，你会更深地沉入到这种美妙、舒适的睡眠中。到零的时候你将进入深度催眠。”

我在倒数的时候会使用内心运动这个方法，以便将对方引入自己内心。开始：

“5。你开始专注于自己的呼吸。吸气，然后呼气。伴随着每次呼吸，你越来越放松。伴随着每次呼吸，你越来越放松。”

请不要忘记确认。反复使用“正确”“很棒”或“非常好”进行确认。继续：

“4。让你的想法来回游动。你捉不住任何想法。让你的想法来回游动。”

接着：

“3。现在为我打开你的潜意识。将我说的所有事情都深深地、牢牢地固定在你的潜意识之中。将我说的每个词都深深地固定在你的潜意识之中。从这一刻起，我说的所有的事情都是你的现实。”

你在这用了一个超级暗示，一个会自动地将后面所说内容转化为暗示的暗示。

“2。你越来越放松。越来越放松。”

然后：

“1。更深入的放松。成倍深入。在我说出下个数字时，你处在最深度的催眠之中。”

最后下面这个：

“0。更深。更深。更深。”

接下来通过分段法加深催眠状态。催眠以波浪式运行，人们在某一刻进入较深催眠，下一刻又会浮出一些。为了加深状态，让对方短时清醒，然后再让他或她尽可能深地进入恍惚——这就是分段法。

“每当我触碰你的肩膀，你就睁开眼睛。这期间你仍在深度恍惚之中。每当我触碰你的额头，你就闭上眼睛并下沉得更深。”

重复这个三到四次。

第八步：检验恍惚深度

你现在检验一下对方是否真的进入深度恍惚。轻轻触碰对方的胳膊并解释道：

“你现在感受我刚刚触碰过的胳膊如何变得越来越轻。它开始上抬。变得越来越轻。”

像前面那样，你在这个过程中赞扬他“对”“非常好”“正确”。这会对这个动作起辅助作用，并同时暗示对方，胳膊已经抬起。如果胳膊没有抬起，那么你就知道，对方还没有真正地进入恍惚，你必须进一步加深放松。

如果对方毫不费力地让胳膊浮动，那么你可以进入第九步了。如果不是这样，那么你需要重复诱导。

第九步：有趣的脑袋磁铁

你到目前为止做的都是身体暗示。浮动胳膊之后的脑袋磁铁是个很好的通往精神暗示的过渡。

你在胳膊浮动期间说：

“将你的脑袋想象成磁铁，它在吸引你的手。”（暗示1）

“你的手离脸越近，你就越觉得有意思。”（暗示2）

这时大部分人会立马捧腹大笑。而这儿的美妙之处就是：笑是可以传染的。如果你是在观众面前催眠的话，周围所有的人会跟着一起笑。而且被催眠者会体验到一种很棒的幸福感，因为在大笑，包括微笑的时候，幸福激素会被释放出来。如果脑袋磁铁起作用的话，那么你可以确定：其他一切都会起作用，每一个暗示，每一个幻觉，从身体到精神的过渡完成。

第十步：幻觉和观想

这一阶段是真正意义上的催眠。

你可以使用你自己的暗示，也可以使用散布于书中的所有脚本。

挑选出一些脚本，如果你更喜欢面向观众的娱乐催眠，可以通过暗示使受试者的手指“粘”在一张名片上，或者将他的手“粘”在膝盖上，或者尝试一下忘记名字。你向对方讲道：

“我现在触碰你的肩膀，你会短时间忘记你的名字。”

你触碰他的肩膀，然后问：

“你叫什么？”

通常情况下，对方会忘记自己的名字。不过对某些人来说，身体暗示的效果（就像刚才那个身体部位的粘贴）可能要比精神暗示得更好一些，或者相反。某些人可能会在相应的暗示下紧紧地粘在椅子上，但是在向他们暗示他们已经忘记自己的名字时，却仍然记得。相反对另外某些人来说，身体暗示的效果却不如精神暗示。为什么会这样，目前为止还无法解释，有时候也与情绪有关。催眠就像舞蹈，作为催眠师要持续关注对方到了什么程度？如果某个暗示不成功，你就和观众一起大笑，然后尝试另一个暗示。切记，你不是想要证明什么，你只是在表演。

如果你在刚开始尝试的时候害怕失败，那么试试被催眠者不需要做很多事情的暗示，例如41页的“蝴蝶”或者194页的“气球”。

之后你会自动地愿意进行一些更大胆的尝试。我最喜欢的暗示之一是：“在你现在睁开眼睛时，你面前站着一头灰色大象。睁开眼睛！”看人们突然歇斯底里的窃笑是很有诱惑力的。有些人睁开眼睛后会害怕并躲避，你也可以继续用它来表演，可以说：“象鼻现在过来了，它在挠你的鼻子。”被催眠者的反应常常很有意思，并且很吸引人。

可乐的是：我自己不是那么容易被催眠。我也想体验一下那时看到了什么。很多人事后说“那儿确实有头大象”。或者在相应的暗示之后说“我旁边确实坐着詹妮弗·洛佩兹

（Jennifer Lopez）”。我有时问自己，这是否真的只是想象的力量，或者这是一种虚拟空间。这些还无法解释的灰色地带使它充满了吸引力。

如果你想帮助对方，你可以在这个阶段与潜意识聊天并固化一种想要的行为方式。我会在下一章中讲解如何具体操作。

重要的是要知道，在这个催眠阶段中有时候会出现所谓的压力释放。这种情况很少，我也只是经历过一次。压力释放是指某人突然颤抖或哭泣，此时你不要害怕，而且无论如何都不要将他弄醒。唯一的原因是，他如此放松，压力也在身体层面得到了释放。同时你可以解释道：“让它出来，这是好事，你现在可以摆脱压着你的一切了。”

第十一步：醒来

在将某人从催眠中唤醒之前，我会对着他的耳朵说出最后一个当作礼物的暗示：“为了实现你的愿望、梦想和目标，从现在开始你的潜意识做的一切都是对的。”因为潜意识完全知道该干什么，我现在慢慢地将对方引回到清醒的意识中。

重要的是，要干干净净地清除催眠，就必须给受试者充足的时间，以便他从恍惚中出来。我们都知道，在我们不是被闹钟惊醒而是慢慢醒来时，我们会更加的放松。就像你知道的那种光线慢慢变亮的日光灯，我们被它轻柔地从瞌睡中带出来。你也应该如此轻柔地将受试者从催眠中带出来。

你在这儿不要像前面那样从5数到0，而是要从1数到5。你说：

“现在伴随着我说的每一个数字，你慢慢地回来。在‘5’的时候，你立刻完全清醒并感到自己精力充沛，并且休息得很好。”

你在这儿又给了对方一个积极的暗示。你在醒来过程中首先是要说一些隐喻性的，并且使受试者明白他将马上醒来的东西。

“1。你的身体再次在它的中间聚集能量。”

“2。它让所有的能量在身体中流动。”

“3。脉搏和血压恢复正常。我给你的每一条暗示都被拿走。”

事实上，脉搏和血压在催眠中最多只有微不足道的变化，但是这个暗示给出了明确的信号，催眠状态已经消散。

“4。吸入新鲜空气，这些空气充满你的身体并净化所有东西。”

“5。睁开眼睛，你感觉非常舒服。精力充沛，休息得很好，就像睡了8个小时的觉。”

你庆贺他的醒来，这样参与者会兴高采烈地从催眠中出来。重要的是，你要含笑注视他。他醒来后看到的第一张脸应该是张友好的脸。

对方可能会有些眩晕，这很正常。

衷心地祝贺你，你刚刚成功地进行了一次催眠。

Chapter 14 >>>

分享魔力：如何使自己和别人幸福——用或不用催眠

帮助别人可以增强免疫系统，所以你在帮助别人的同时，其实也给自己带来了好处。帮助不仅使人健康，而且使人幸福。加利福尼亚州新近的一项研究再次证实了这点。人们在实验中对一些男士进行了轻微但不是很舒服的电击。一组男士得到了女朋友的支持，她们握着这些男士的手。另一组男士的女朋友只是在那儿看着。人们发现，那些实施了帮助的女士大脑中的奖励中心——边缘系统——被激活。

今天很多人认为，我们在健康或心理问题上只能从专业权威那里得到真正的帮助，诸如心理学家、医生。这是错误的。我们每个人都拥有帮助别人的能力。帮助是人的一项本能，人们不上大学也可以使别人的生活变得充实或者变得轻松，否则我们就不会进化到今天这一步。人们不学心理学也可以给某位女性朋友提出建议。

常常只是需要一个认同，或允许某人独处。在我们的感觉得到认同时，在我们意识到自己并不孤单时，大部分事情就已经解决了。因此倾听带来的帮助要比费时的治疗效果更好。

不要想着你因为无权去做某事而不敢给别人带来好处。首先是要向别人表明他们并不孤单，这也就给出了希望。这种希望是我们人类存在的最强有力的驱动之一。即便是创作出来的别人的故事也能给人以希望，也是强有力的暗示。例如其他人实现了目标或者战胜了疾病。

简短的故事往往是很好的药剂。如果某人觉得倒霉的事总是对自己如影相随，我喜欢讲下面的内容：

农民和马

一个农民用他唯一的一匹马耕种农田。

一天这匹马跑掉了。

村里的人都很惊愕："哎，你真倒霉啊！现在你得和你儿子自己种地了。"

这个农民只是耸耸肩说：

"是福是祸还不知道呢。"

第二天这匹马又回来了。

它的后面还跟着一群野马。这个农民一下子有了51匹马。

整个村庄的人都在说：“哎呀，你真幸运啊！”

这个农民只是耸耸肩说：

“是福是祸还不知道呢。”

不久之后他儿子想去骑一匹野马。

却摔了下来并且摔折了腿。

不能再帮着他干田里的活了。

村里的人说：“哎，真是不幸啊！这些活对你一个人来说太多了。”

这个农民只是耸耸肩说：

“是福是祸还不知道呢。”

几天之后战争爆发了。王国的统治者征召所有的年轻人去服兵役。只有这个农民的儿子没有被征召，因为他摔坏了一条腿。

邻居们说：“你真幸运啊！”

这个农民再一次耸了耸肩说：

“是福是祸还不知道呢。”

这样的故事以隐喻的形式进行了很强的暗示，它们含有的信息是：每个幸运都是不幸，而每个不幸都是巨大的幸运。这取决于不同的视角，发生在我们身上的坏事也可以变成机会。

用催眠实现奇迹

我在接受催眠治疗培训期间曾体验过，帮助是如何使人幸福的。我那时深刻体会到，一名经历过糟糕事情的创伤病患儿童是如何在催眠中忽然找到问题的症结并解开了这个症结。传统疗法的效果往往会明显差一些。传统疗法的问题是，它们在谈话中回溯，并使病人以先前的儿童身份一再体验旧的创伤。这种操作在我看来只会固化人们本想摆脱的那种感觉。

因此我觉得更重要的是，要让对方无论是在潜意识中还是在情感上都觉得自己现在是成年人，是一个能对自己的生活做出决定的成年人。

出于这个目的，我作为催眠训练员使用所谓的时间线，也就是自己生活的时间线引导我的患者进行回溯。我让他观想这个时间线，一步一步，一年一年的回溯被催眠者的生活。我让他以快进的方式变得越来越年轻，我也不再是和被催眠者对话，而是和他的潜意识对话。例如我说："我是在和彼得的潜意识说话吗？如果是的话，请动一动手指。"这一刻常常有点吓人，有点像通灵术，因为病人会无意识地做这个动作。手指抽动是对方确实进入深度催眠和进入潜意识的标志。

如果手指动了，我会准许潜意识在时间之流中往回旅行。我在这一过程中不断问潜意识："彼得的潜意识，你到了某件事了吗？如果到了，动一动手指。"如果他动了，我会请求："继续往回走。"几秒之后我再问："你现在在哪？"我会一直这样催促，直到彼得的潜意识到达创伤事件。成年人在那里站到了儿时自己的旁边，成年彼得的潜意识会给那个孩子充满爱的建议。成年彼得会向孩子解释，他的行为是正确的，因为他还是个孩子，而且也只能那样做。

这在一般情况下会解除创伤。因为它使相关人意识到，他并不是无能为力的，他是没有过错的。

我在第一本书中讲过一个令人印象深刻的病例，那是关于一位年轻女士的，当时我在英国弗莱迪·雅关（Freddy Jacquin）那儿接受催眠培训。这位女士在12岁时照顾她病危的父亲。这位父亲发病时会产生严重的疼痛，需要药物抗痛，他的妻子和女儿负责给他注射药物。有一天，父亲让女儿去药店买过氧化氢。过氧化氢是一种清洁剂和漂白剂，但肯定不是止疼药。在她带着这个有争议的东西回到家时，父亲让这个没起疑心的女儿把这种含有有毒成分的药剂抽了两针管。然后他让女儿把药剂放到一边，因为如果他的妻子看到瓶子的话，会立刻明白他想干什么：他想死。正常情况下女儿应该去叫母亲，并帮母亲给父亲打针。但出事那次不是这样，这个男人出现了严重的抽搐和疼痛，并像疯了一样大喊大叫。这个再次和他独处的女儿因为绝望而不知所措，她除了将一个塑料袋罩在他脑袋上之外不知道还能干点什么。他因此窒息而死。这位精神上受到严重创伤的女士不久之后就开始给自己注射海洛因，她潜意识里也想将自己毒死。

很多年之后，她才试图摆脱毒品，但是所有的治疗都失败了。直到她到了弗莱迪这儿。弗莱迪利用时间线使她回到了引起创伤的事件那里。她在那儿充满爱意地将更年轻一些的“我”搂在怀中并向她解释，她做得对，因为她还是个孩子。潜意识以此被告知：创伤属于孩子，不再属于成年人。催眠治疗的结果是，这位已经25岁的女士确实停止了注射毒品，并且数年之后也没再注射过毒品。

这种疗法吸引人的地方在于，真正的创伤源头有时候在催眠中才显现出来。例如某次我在准备期间问一名蜘蛛恐惧症患者什么时候出现第一次恐惧时，他回答道：“呃，差不多15岁时。我跳进了一个模具中，然后腿上一下子出现了一只绿色蜘蛛。”不过在我利用时间线引导他回溯时，他并没有在15岁时停下来。他继续往回走，直到10岁的时候才停下来。我告诉他：“如果这确实是那个正确的时间点的话，那么就待在那里。如果不是，就继续往回走。”他继续往回走。当他到达引起他恐惧的事件时，他才5岁。

在下面这个令人困惑的病例中，也是通过催眠才弄明白创伤源头起于何时何地：一名男士驱车穿越马路，他在某个地方忽然感到了极大的恐惧。这种恐惧会一直跟随他500米，每天都是如此。恐惧日渐增长，他也不明就里，不久之后他就再也不能走上马路了，因为恐惧变得非常严重了。他那时已经开始接受心理治疗，他害怕自己会疯掉。不过有一天人们通过催眠发现，曾经有只野猫投奔于他，而他想将这只野猫送回树林里去。就在那个恐惧一再侵袭他的地方，那只胆怯的野猫从汽车后座上跳向了他的后颈。他在那一刻差点吓死，大脑中负责像恐惧这种强烈情感的杏仁体会在这种时刻放电。这个男人遇到相同的情况会引起逃跑反射，而这两者和马路的景象被瞬间联系在了一起。他学到了：马路的这种景象意味着恐惧。猫的攻击和惊骇被联系在了一起，以至于他记不起猫的攻击这件事了。潜意识将这件事隐藏了起来，只有以威胁的形式存在的马路景象被储存起来，并且可以被调用出来。这种情况下潜意识知道的更多一些，源头有时会因生活中太多的经历而丢失，但是潜意识就像个DOS系统（操作系统），它在催眠时会打开并指明进入某个文件的通道。

目前催眠不仅在心理学，也在现代医学中受到欢迎，越来越多的研究证明了它的效果。哈佛大学的一项研究显示，外科手术前的15分钟催眠缩短了手术时间并减少了随后使用的镇痛药剂。催眠被成功地运用到了治疗哮喘、高血压、过敏性结肠炎、更年期症状及偏头疼，并且减少了化疗的副作用，止痛药因催眠而变得多余，至少使用频率在大大减少。并且催眠的应用领域还在持续增加。

每个人都可以帮助别人

美妙的是：每个人都可以借助催眠或暗示实现小小的奇迹。人们在这一过程中当然要分清治疗催眠和家中的舒适催眠。即使你将前面章节中的基础催眠技术练习了上百遍，并且也愿意将它们用于帮助别人，但切记，不要企图单凭自己去解决较为严重的问题和创伤，既不要用于自己，也不要用于别人。你需要医学培训，以便应付可能出现的不可预测情况，因为就像你刚刚读到的那样，潜意识中有很多隐藏的东西。

但是不要担心。你可以毫无危险地尝试让朋友（或自己）戒烟，让他们进行定期的体育锻炼以及让他们更加健康的饮食。你可以给他们带来更多的生活乐趣和自信，还可以帮助他们变得更加放松或帮他们找出他们对生活的期望是什么。

如果你的朋友像通常情况那样对此较为怀疑的话，你也可以说：你有没有兴趣和我一起做一个与你的想象力有关的实验？就像你现在已经知道的那样，催眠不是别的，但只有这样表述，你和对方对你的期待才会降低，游戏的成分和容易性就显露出来了。

我已多次提及：其实你不需要太深的恍惚便可以使暗示或观想起作用，这样的事情每天都在发生。你可以确定的是，只要你的男朋友或女朋友一闭上眼睛，他或她就进入了一种意识状态。不过你也可以按照上一章的催眠指南一步一步地进行，并在第十步的时候使用起帮助作用的暗示。

生活平衡：我们的健康需求

在实施帮助之前了解一下最好从哪里入手也是有用的。特别当你面对的不是减肥或体育锻炼这种具体打算，而是“有些不太舒适”这种泛泛情况时。人类的这八项基本心理需求是个很好的出发点：

1.情感安全感

2.获得及给予关注的感觉

3.独立及掌控自己生活的感觉，财务也属于此

4.隶属较大社会群体的感觉

5.情感连接感：友谊和亲密关系

6.在某一社会群体中拥有令人满意的身份的感觉，例如在家庭中

7.有能力的感觉和目标的实现

8.过着有一定目标且有意义的生活的感觉

人们在治疗时应该审视整个列表并发现问题所在。漏洞在哪？如何填补这个漏洞？你也可以在没有治疗医生的情况下进行这项分析。

如果这些心理需求领域中的某一领域老是出问题，那么它通常会在某个时候导致危机出现，甚至会导致沮丧。八个领域应该处在平衡之中，因为我们不是在做真空式的摆动。当工作中的这个感觉侵袭我时："我无法实现我的目标"，更甚"我再也无法实现我的目标了"，会导致我在某个时候选择放弃。即使表面上看一切都很棒，即使我账户上有上百万存款，我有很棒的朋友，完美的家庭，但如果这些没什么意义的话，我会变得不幸。

人们总会有做成某事的可能性。问题通常是，人们没有看到这种可能性，因为某事太久没有成功了。这有点像马戏团大象的状况：为了使强壮的大象习惯木桩，人们在它还是宝宝的时候就将它绑在木桩上。小象还太小，还不能将木桩从地上拔出。它一遍遍地尝试，并在某个时候学到：这不行。它适应并接受了这种状态，除了接受也没有别的选择。有意思的是：即使在它长大了并且可以轻而易举地将木桩拔出的时候，它也不再尝试了。

我们人类不是马戏团的大象，我们可以一直做某些事情，不过前提是我们要意识到这些事情。对此我们只需要一个新的视角，催眠就是来为我们创造这种视角。

如果你想帮助别人找出哪个生活领域出现了问题，那么就进行一次上一章中描述的催眠——直到（包括）第九步。如果对方进入了恍惚状态，就取出基本需求列表并一项一项地询问对方：

“如果你觉得受到了周围社会环境的干扰，就抬起手指。”或者“如果你有财政问题，就抬起手指。”等等。

这些额外的探查工作只有在对方无法描述问题所在的时候才有必要。如果他或她知道问题所在，那么你可以马上进行相应的暗示。

假如对方感觉孤单，你可以暗示：

· *找朋友（14号脚本）*

你的潜意识将马上尽最大努力使你找到新的朋友并安排吸引人的见面。

如果他或她对工作有所不满，你可以说：

· *职业进展（15号脚本）*

新的工作机会马上出现。你的潜意识将会发现它，并引导你。

如果对方总是大手大脚，那么试试下面的暗示：

·改善对待金钱的方式（16号脚本）

如果涉及金钱，你的潜意识会替它做所有的事情并且永远是对的。如果你刚才的做法正确，潜意识会给你一个确认。

我们在最后一个例子上再稍做停留。这种暗示的作用可以表现在多个方面。对方可能开始存钱，或者他弄明白了为什么花那么多钱时，以后会更有意识地控制支出，并会在为精挑细选的东西花钱的过程中获得乐趣。这样他不只是花钱，也获得了一些东西。不过在你为别人着想之前，你应该关心那个人，那个位于你生活中心的人：你自己！

“先给自己戴上氧气罩，然后再去帮助同行人……”

空乘在飞机起飞前说的话准确地表达了这点：我们只有自己过好了，才能高效地帮助别人。除了自己你不需要任何人——催眠中也不需要。回忆一下，催眠师只是个指挥家，一旦你知道如何使用这些方法，你就可以不靠别人进入恍惚状态，就像小提琴手不需要指挥也能演奏那样。

你可以在没有外人辅助的情况下使自己进入恍惚状态，并毫不费力地固化想要的新行为方式。你可以使自己获得更好的心情，为自己找到难题的解决方案或者找到紧急问题的答案。

是的，你的确可以自己进入恍惚状态！你当然没有必要像在观众前对参与者所做的那样，使自己的胳膊摆动或者将自己的手粘在脑袋上。你直接放松地躺下，使用倒着数数字的诱导方法，就像我上一章中向你讲解的那样。如果你觉得这太复杂的话，你也可以非常简单地对自己说：“伴随着我听到的每个嘈杂声，我下沉得越来越深。”或者“伴随着每次呼吸，我下沉得越来越深。”或者你可以像自体训练中那样，一个身体部位一个身体部位地放松。一旦你理解了这些原则，催眠便会自行运转。

要不然就像给别人催眠那样，你也可以就基本需求对自己进行叩诊。将列表拿在手中，坐下，闭上眼睛并放松自己，每次呼吸都释放出更多的压力。在你感觉完全放松的时候，睁开眼睛并看一眼第一项基本需求。你请求思维中的潜意识在某处有问题时给你提示，你请求它晃动手指。如果你感到了晃动，你再询问一遍：“刚才是个意外，还是真的有个问题？如果真有问题的话，请再确认一遍。”你以这种方式把所有的基本需要都审查一遍，你会为它的良好运行感到惊讶。你将实施的权利留给感觉，如果你发现某个领域需要改善，那么思考一下可能涉及的事情，人们通常会直觉地察觉到这些。你可以在之后的自我催眠中实施相应的暗示。一般来说，让潜意识去解决这个问题就已足够。

撰写自己的脚本

你可以在自我催眠或对别人催眠时使用书中的脚本。当然，你也可以撰写自己的脚本。句子的准确性不重要，重要的是这些句子在你那儿或对方那儿引起的积极情感。你回忆一下：催眠是使用精美的语言。

提到语言：在你对别人进行催眠时，你要记住，我们虽然说同一种语言，不过同一概念在我们内心会引起不同的图像。我想象的桌子与你听到“桌子”时大脑中看到的桌子是不一样的，因而好的催眠师都会泛泛而谈。例如你对我说，你喜欢慢跑，而我想以此搭建观想时，我会说：“你感受一下脚下的地面，皮肤上的风，看周围掠过的环境。”这些话有意识保持宽泛，以便给你观看自己图像的机会。我保持模糊。相反，如果我说：“感受一下树林里的地面。”而你却想象着正在马路上奔跑，那么你的想象力就消失了。

此外，治疗的思想体系中有一条简易法则：如果事情变得复杂，那么也就失败了。事情越简单，成功的可能性就越大。我一直自问：如何用一个单词描述一件事？或者用一句简短的话描述一件事？我在舞台上也是这么做的。如果针对某个人我需要两张A4纸那么长的脚本，那么我已知道：我没必要登上舞台了。这不行，你要围绕着几个关键词将脚本表述得尽量简单。

让疼痛消失

人们可以在几分钟内消除疼痛，在这方面我曾经历过令人难以置信的事情。那些声称20年以来一直患有难以忍受疼痛的人站起来说："天啊，我又可以活动了。"苏格兰医生詹姆斯·埃斯代尔（James Esdaile）曾于1890年前后在印度利用催眠进行过非常成功的手术，他甚至还做过截肢手术。人们可以利用催眠逐步彻底清除疼痛感，根本不需要麻醉。这是个很容易的练习，我还没有见过没有效果的情况。尽管如此，我还是建议你小心点。在朋友让你将他的疼痛给催眠掉，或者你自己想摆脱某种疼痛时，你首先要确定这些疼痛不是由器官引起的。因为疼痛是为了向我们展示，我们身体的某些部位有些不对劲。人们应该认真对待这些症状并让医生检查，看看是否有某些严重问题，例如需要治疗的肿胀或发炎。如果没有发现器官性的问题的话，那么你一定要试试催眠，你一定会感到惊讶。

我们假设，你的伴侣在某次聚会后因酩酊大醉而倍感难受，为了在催眠中帮他清除疼痛，你首先要制造一种意识与身体的分离。这不为别的，就是向对方暗示（在第十三章催眠指南中的第十步），他离开了他的身体。

· 靶心（17号脚本）

闭上眼睛。

现在和你的潜意识一起离开身体。

向空中飞3米，4米，5米。

以飞鸟的视角观察自己，你闭着眼睛平和地坐在那里，平静地呼吸。

现在看着地板上身体旁边的靶子。

看着中心的黑点，靶心。

你所有的疼痛都在那里面。

现在飞向靶子。

越来越近。

再近一些。

你离得越近，疼痛感就越强。

难以想象地疼。

在你穿越靶心的时候，疼痛有那么一刹那是难以忍受的。

之后疼痛就消失了。

现在再从靶子下面飞起。

滑行飞回你的身体。

疼痛没有了。

你也可以尝试很放松地坐在沙发上用这个进行自我催眠。

我在催眠治疗培训时也治疗过忧郁的人。我在那儿学到了一种简单，但是有效的方法，这个方法遵循的原则和靶心相似。

·刻度尺（18号脚本）

想象一把有1到10十个刻度的刻度尺。

10是绝对悲伤，1是完全没有悲伤的状态。

你处在刻度尺上的哪个位置？

（耐心等待答案。人们通常会指一个中间位置，5或6）

现在提升你的悲伤。

仔细看着它是如何像温度计那样升到8的。

现在是9。

（很多人在这一刻开始抽泣或者哭泣。不要害怕）

你现在到了10，到了最悲伤的状态。

你现在快速往回走。

经过了9、

8、

7、

6、

5、

4、

3、

2、

1。

现在感受一下。

感受到了什么？

令人难以置信的事情出现了：悲伤在刻度尺上迅速下滑，经过5，3，1——消失了。（刻度）上升使人们在潜意识中明白了，他是控制悲伤的那个人。这是令人难以置信的顿悟时刻：因为如果人们可以使悲伤上升的话，那么也可以使它下降。

疼痛也不是什么特别的，其他的感觉也是如此。

最终成为非烟民

针对抽烟这类坏习惯有另外一套理论。抽烟原则上无法归因于某种创伤。相反，每个坏习惯都伴随着某种积极意图。我们人类生性就是如此，即使我们干了一些自我毁坏的事情，潜意识也意欲通过这些事情干些积极的事。即使某人注射海洛因，他也是想以此实现些什么，例如逃避现实。抽烟的积极意图是：我抽烟时可以放松自己、我抽烟时觉得自己是个有魅力的女性。

完全错误的做法是向抽烟者暗示："你以后只要抽烟就会觉得恶心。"那个人可能会停止抽烟，但他在日常生活中会遇到很多问题，例如在放着大量烟的超市收银处，或者在为烟做广告的广告牌前都会感到恶心。

如果你想被催眠，那么在准备性谈话时一定要弄明白催眠师想如何进行。如果他想对你施加魔法，例如抽烟时的恶心感，或者吃甜食时的呕吐感，那么你得换个催眠师。想要这么干的催眠师不值得信赖。这更多涉及的是告别抽烟这种不健康的行动，代以一种新的健康的行动。

我在戒烟的治疗时首先要进行很长的准备性谈话。谈话里涉及教育：例如我教给对方一种不同于一般的看法，告诉他抽烟不是身体的瘾。一支烟中含有300多种化学成分，但没有一种能起到放松作用，唯一发生改变的是呼吸，呼吸加深，这也是感知到放松的原因。我制造一个接一个的顿悟时刻，以便使我的患者很容易成为非吸烟者。我知道，我没有必要好为人师地用各种疾病去烦他，应该让他自己去理解这些。我描述，我看到过一些脸颊被摘掉了还继续抽烟的人，每个诊所前人们都会看到刚刚因静脉曲张而截肢的人——尽管如此，他们还是一支接一支地抽，因为对自己健康的担忧不会吓退抽烟者。

我的经验教会我选择另外一条路。我问："你能想象自己可以戒掉烟吗？"

大部分人会说："不，这个我难以想象。"

然后我问：“如果你不戒烟，你的孩子会死去，这种情况下你会戒烟吗？”

在这种情况下，所有人都会毫无例外地说：“会，当然会。”

又是一个顿悟体验：原则上来说，戒烟是可能的，只是需要一个足够强大的理由。这种认识使戒烟成为可能，也使催眠成为很好的戒烟工具成为可能。

下面是个神奇的故事，这个故事可以将潜意识激发出来：

曾经有一家新成立的电脑公司，公司雇了一名女清洁工。这名清洁工是行业中的佼佼者，会模范式地完成工作。现在公司不断成长，这名清洁工的工作场地一下子有了很多昂贵的电脑。她通过擦洗清除了大量灰尘，但也毁坏了设备。她将自己的份内工作完成得非常出色，但她在这一过程中也无意间带来了损失。是的，她甚至危害到了整个公司，因为这些设备坏了的话，整个公司就被毁了。某一天老板因为这件事将这名清洁工叫到自己那儿说：“你是名很棒的员工，我需要你。但是你不能再打扫卫生了，你去人事部门，让他们给你出十个建议，看看你能干什么。”这名清洁工去了人事部门，并从同事那里得到了建议。她以后可以在工资不变的情况下对账单进行分类，或者分发邮件，或者管理办公室饮食。这样，她在这家成功的公司里干得比以前更高兴，更满意。

你马上就会意识到这个故事的用处是什么。

因为接下来就是……

采访潜意识

我现在让对方进入恍惚状态。

一旦到达实施暗示的地方（第十步），我就进行一次特殊的采访：

“我是在和潜意识讲话吗？如果是，请举起手指。”

一旦获得信号，我就请潜意识将抽烟（或者是涉及的其他问题）带到前面来。我说：

“我现在想让潜意识把自己交给抽烟。”

手指举起。我现在问：

“我在和抽烟说话吗？”

（或者“我在和金钱担忧说话吗？”或者“我在和阻碍运动的懒汉说话吗？”）

一旦获得信号，我说：

“亲爱的抽烟，你是名很棒的员工，你出色地完成了工作。不过，我现在想让你对……（在这使用面前这个人的名字）的潜意识说一说你的动机是什么。请列清楚你的行为的所有积极方面，你悄悄地告诉潜意识就可以了。说完后给我一个信号。”

我前面已经提到过一些抽烟的可能意图，其他的意图可能是：放松、休息一下、能和其他人聊天、感受自由，等等。如果某人有金钱方面的烦恼，意图可能是：没有钱我的压力会小、我承担较少的责任、我可以待在家里让我的伴侣赚钱。但是你要知道：你不会知道这些原因，这是潜意识和相关问题之间的事情。你的任务是等待手指举起。

一旦手指举起了，我会对抽烟说：

“现在请去创造中心。因为我们现在不需要你的抽烟行为了。让他们给你十个行动建议，看看你怎样以健康的方式实现相同的积极意图。你不需要告诉我新的行动是什么，在你结束的时候告诉我就行。”

这个过程可能持续几分钟。先前负责抽烟的行为在创造中心——类似于前面清洁工故事中的人事部门——得到可以完成相同积极意图的建议。如果抽烟的积极意图是放松，那么替代的可能是呼吸练习。如果意图是有点事干，那么其他的行为可以实现相同的结果。

手指举起。我说：

“亲爱的潜意识，从这些建议中找出三项新的行为，并立刻将它们从催眠中带出来。如果找到了，请给我一个信号。”

一旦出现信号，我对潜意识解释：

“现在尽一切可能立刻实施这三项建议。如果还有什么东西对此进行抵抗的话，给我一个信号。”

理想状态是没有信号。如果有，那么表明，这个不被希望的行为还有一个重要的优点被忽视了。那么我会再进行一次采访：先前的抽烟行为应该再次考虑一下意图，然后进入到创造中心，并找到这个行为的替代者。当最终没有信号的时候也就结束了。这时我才将对方从催眠中引出来。

不管潜意识中发生了什么，之前的那个抽烟者都没必要知道挑出了哪些可选方案，可选方案被自动编程。抽烟的渴望从这刻起消失了，因为它被其他的活动、其他的行为覆盖了。

顾客醒来后我还会给他一条建议，下次有人递烟的时候不要说“我不抽烟了”，而是说“我不抽烟”。这样他还会额外地朝着非吸烟者的方向进行重新编程。

你当然也可以对自己进行这样的采访。正像所说的那样，人们不需要太深的恍惚（深了当然也不会有害处）。这儿比较有趣的是，你没有必要获得有意识的答案，你不必知道潜意识筹划了些什么，意识得到了休息。你可以放心的是，潜意识知道应该干什么。

顺便说一下：如果你是烟民并且想成为非烟民的话，你可以看一眼我的主页jan-becker.com，在那儿我可以向你提供很好的帮助。

未来：不要忘记最根本的东西

伸出你的胳膊。

握紧拳头。

将你的胳膊想象成大理石做成的。

它非常坚固，你不能弯曲你的胳膊。

想象一下，我去弯曲你的胳膊但是没有成功的时候，是一种什么样的感觉。

你现在想象，自己也不能弯曲它。

你越试图弯曲它，它就越坚固。

现在忘记你想象的事情。

胳膊就是本来的样子。

你是不是发现不能弯曲它了？

催眠是个事实。它通过我们的边缘神经系统发挥作用，我们身体所有的无意识过程都是由这个系统控制的。不过它们是通过什么渠道进入我们内部的，到目前还没有达成共识。有个理论说，催眠其实就是一种想象，人们在想象的时候忽然忘了自己在想象，这个想法被称为“自动想象模式”。它出自年轻的催眠师安东尼·雅关——我导师弗莱迪·雅关的儿子——和凯夫·谢尔德雷克（Kev Sheldrake），我和他们是好朋友。这两个人管理着一家名叫“脑袋黑客”的公司，他们在那儿深入研究催眠能干的所有可能事情，这很有可能是催眠的未来。如果能够用巧妙的暗示使某人忘记他只是在想象，那么就不需要恍惚了。

但是如果我深入思考一下的话：我们的现实其实就是这样运行的。某个观点在我们听过几次之后就成了我们的观点，因为我们忘了它只是个观点。一名售货员向我说，大部分顾客都看重那件高品质的皮夹克，忽然我们也认为它确实非同一般，虽然我们没有任何的证据。我们问自己是否恋爱了，然后我们发现自己确实恋爱了。我们的现实来自最初只是建议或暗示的想法，如果我们学会识别我们的想法，那么我们自己就可以决定世界的样子。

这一点你也永远不要忘记。

文献推荐

[1]Garfinkel,Harold: Studies in Ethnomethodology. Hoboken, NJ 1984.

[2]Jodorowsky, Alejandro: Praxisbuch der Psychomagie. Oberstdorf 2011.

[3]Kahnemann, Daniel: Schnelles Denken, langsames Denken. München 2012.

[4]Mehan, Hugh; Wood, Houston: Fünf Merkmale der Realität. In: Weingarten, Elmar; Sack, Fritz; Schenkein, Jim [Hrsg.]: Ethnomethodologie. Beiträge zu einer Soziologie des Alltagshandelns. Frankfurt a. Main 1976.

[5]Watzlawick, Paul; Beavin, Janet H.; Jackson, Don D.: Menschliche Kommunikation, Formen, Störungen, Paradoxien. Bern 2011.